107 PRINCIPES IMMOBILIERS

Bruno Rako

107 PRINCIPES IMMOBILIERS

pour investir comme un pro
et s'enrichir avec la pierre

MAXIMA
LAURENT DU MESNIL ÉDITEUR

Après une école d'ingénieur et une grande école de commerce, **Bruno Rako** s'est découvert une passion pour l'investissement immobilier. Parti de rien, il s'est spécialisé dans les immeubles de rapport en se formant auprès d'autres investisseurs ayant déjà réussi. Il a fondé la plate-forme Invest Immo Club (http://www.investimmoclub.com) pour faciliter le partage d'expériences dans ce domaine parfois confidentiel, et pour démocratiser le concept d'Immo-Preneur.
Il peut être joint aux adresses suivantes:
Bruno@InvestImmoClub.com et bruno.rako@maxima.fr

www.maxima.fr
Rejoignez-nous:
facebook.com/EditionsMaxima.ViePrivee/facebook.com/EditionsMaxima.VieProfessionnelle/
twitter: @maximaediteur

MAXIMA
LAURENT DU MESNIL EDITEUR

8, rue Pasquier, 75008 Paris.
Tél.: + 33 1 44 39 74 00 – infos@maxima.fr

ISBN: 978 2 84001 9213

Table des matières

2. Maîtrisez les concepts bancaires et fiscaux comme un pro

3. Optimisez la gestion des travaux pour faire d'excellentes affaires

4. Devenez un excellent gestionnaire locatif de votre patrimoine

5. Appliquez les méthodes efficaces pour optimiser votre temps

6. Adoptez le mental des Immo-Preneurs à succès

Préface

De nature plutôt très timide, ce n'est qu'après des années d'expérience dans le domaine de la gestion de projet que j'ai réellement compris l'importance de l'humain dans tout ce que chacun d'entre nous entreprend. La confiance, le dépassement des peurs, le travail d'équipe ou encore la générosité sont autant de paramètres humains qui décuplent les capacités de celui qui sait les manipuler.

Ce que nous propose Bruno au travers de ces lignes, c'est un concentré d'humain appliqué au vaste sujet de l'investissement immobilier.

J'ai rencontré Bruno justement alors que je cherchais à repousser constamment ma zone de confort en allant à la rencontre des gens.

Que dire ? J'aime les gens positifs, ceux qui construisent, ceux qui vous tirent vers le haut. J'aime la critique lorsqu'elle est accompagnée d'une action. J'aime ceux qui inventent et qui résolvent. J'aime ceux qui savent écouter. Bruno fait partie de ceux-là.

C'est également avec Bruno que j'ai organisé mes premières rencontres entre investisseurs. Ces rencontres ont été une révélation et m'ont persuadé de l'importance de l'échange et du partage dans ce domaine.

L'immobilier est un sujet complexe mais les solutions dans ce domaine (comme dans la vie) sont bien souvent assez simples. Encore faut-il pouvoir ne serait-ce que les envisager.

Pour cela il faut garder une ouverture d'esprit en toutes circonstances et travailler sa créativité.

Dans ce livre, l'approche de Bruno vous permettra à coup sûr d'alimenter votre cerveau d'éléments qui seront une aide précieuse lorsqu'il s'agira d'évaluer un investissement et de prendre des décisions avisées. Ils seront un allié de la réussite de votre projet d'achat immobilier.

Lorsque j'ai commencé à investir dans l'immobilier, je n'y connaissais strictement rien. C'est d'ailleurs ce qui m'a poussé à partager mes outils désormais utilisés par des milliers de personnes. Ce qui m'a manqué à ce moment-là, ce sont justement des conseils et des retours d'expérience de ceux qui étaient déjà passés par là. J'ai dû tout apprendre, faire plus d'erreurs, perdre beaucoup de temps. Ne vous méprenez pas, je ne regrette rien, mais ce livre est une brique de plus aux fondations de vos connaissances en matière d'investissement immobilier à laquelle je n'avais pas eu accès.

L'achat et la gestion d'un bien immobilier doivent être appréhendés comme une petite entreprise. Un investisseur immobilier est un entrepreneur. Malheureusement, toutes les startups ne réussissent pas. Les fondateurs qui s'en sortent sont ceux qui se remettent constamment en question, savent s'entourer et sont dans une philosophie d'apprentissage continu. C'est exactement la même chose dans l'immobilier, il y a tellement d'aspects à appréhender qu'il serait presque suicidaire de vouloir tout faire tout seul. Le concept d'Immo-Preneur esquissé par Bruno au fil des pages qui vont suivre se révèle particulièrement pertinent.

Si ce livre devait se résumer en une phrase, je propose celle-ci : construisez votre propre chemin de pensée en restant toujours à l'écoute des autres.

Bassel Abedi

Ancien de Microsoft, fondateur du site RendementLocatif.com. Utilisé par plus de 30 000 utilisateurs, ce simulateur 2.0 aide chaque jour les investisseurs débutants et professionnels à sécuriser leurs projets immobiliers locatifs.
Invité plusieurs fois sur les plateaux TV (BFM Business),
Bassel a pour mission d'offrir toujours plus d'outils de haut niveau en veillant à garder un prix accessible à tous.

Introduction

Êtes-vous prêt ?

Êtes-vous prêt à investir dans l'immobilier ?

D'après les sondages divers et variés effectués au cours des ans, environ 70 % des Français (donc 45 millions de personnes !) seraient intéressés par l'investissement immobilier.

Vous n'êtes donc pas le seul à vouloir vous lancer dans cette formidable aventure.

Pourtant, si vous regardez bien autour de vous, quelle proportion de votre entourage a déjà investi ? Pour les plus chanceux, cela se compte sur les doigts d'une main...

Cela étant dit, le monde ne se limite pas à notre entourage proche.

D'après une enquête de 2015 (source PAP enquête bailleur) le nombre de personnes possédant un bien locatif est estimé à environ trois millions en France.

Il est difficile d'évaluer correctement ce nombre donc prenons-le avec des pincettes, mais cela donne un ordre de grandeur.

D'un côté nous avons 45 millions d'aspirants investisseurs et de l'autre, seulement trois millions qui sont passés à l'action (ou ont hérité).

Un ratio inférieur à 1 sur 10.

Depuis que je m'intéresse à l'immobilier, j'ai donc entrepris de rencontrer ces investisseurs qui ont franchi le pas.

L'immobilier fait peur

La raison pour laquelle il existe un si grand écart entre le volume de gens « souhaitant » investir et ceux qui passent à l'action se trouve dans notre cerveau.

Une vaste majorité de gens est consciente que l'immobilier est une façon puissante et tangible de créer, de protéger et de transmettre un patrimoine, mais en parallèle, elle n'arrive pas à dépasser certains schémas mentaux fortement ancrés dans nos cerveaux.
Elle est littéralement parasitée par des petites voix négatives empêchant de passer à l'action.

Depuis que j'ai fondé Invest Immo Club, j'ai eu l'occasion de rencontrer des centaines d'apprentis-investisseurs. Et parmi ces gens, beaucoup avaient les mêmes blocages, à des degrés plus ou moins élevés.

Peut-être que vous vous reconnaîtrez dans l'un de ces trois arguments le plus souvent mis en avant :

■ *Argument #1 – « Je n'ai pas ce qu'il faut ! »*

- Mon travail me prend déjà beaucoup de temps. Sans compter ma famille et mes loisirs...
- Je ne suis pas un pro du bâtiment. Tout cela paraît difficile...
- J'ai à peine quelques milliers d'euros d'économies, impossible d'emprunter...
- Personne dans mon entourage ne fait cela...

■ *Argument #2 – « Je n'ai pas envie de tout perdre »*

- Les prix immobiliers sont trop volatils (la crise de 2008 l'a prouvé) ;
- Si les locataires ne paient pas, je devrais quand même rembourser le prêt. Et cela me coûtera encore plus cher s'ils détruisent l'appartement…
- Si c'était si facile, tout le monde le ferait.

■ *Argument #3 – « Dans ma région, c'est impossible »*

- Je suis dans une grande ville : impossible de trouver un bien qui s'autofinance.
- Dans une petite ville : il n'y a pas assez de demandes locatives !
- Seules les personnes qui connaissent des agents immobiliers ou des notaires ont une chance. Et encore !

Ne vous inquiétez pas, ce type de réflexion est tout à fait normal.

L'influence (forte) de notre environnement

L'une des choses qui me fascinent le plus chez les enfants c'est la spontanéité.

Plus ils sont petits, plus ce comportement est marqué. Puis, avec l'âge, les normes et les codes conduisent inévitablement à tempérer cette spontanéité.

Ce que l'on peut en déduire c'est que personne n'arrive dans ce monde avec un stock d'idées à la naissance. La plupart de nos faits, de nos gestes, de nos actions et de nos idées sont influencés et « enseignés » par les gens que nous côtoyons.

L'humain est un animal qui se développe par mimétisme.

De façon schématique, il existe trois niveaux d'influences.

Trois niveaux qui permettent de construire nos pensées et ainsi bâtir notre référentiel, celui qui nous permet de juger quand nous avons une décision à prendre. Qui nous pousse vers tel ou tel agissement.

■ *Cercle #1 – Notre famille*

« Les chiens ne font pas des chats », dit le proverbe populaire. Effectivement, lorsque vous débarquez dans ce monde, vous n'êtes pas encore tout à fait fini. Et surtout cérébralement !

L'une des tâches les plus importantes de vos parents est alors de vous aider à vous construire mentalement. Mais cela ne s'arrête pas aux premiers mois de la vie. En réalité, l'influence des pensées de vos parents (et de votre famille en général) sera imprimée en vous pendant très longtemps.

Seul un travail actif de remise en question pourra permettre de vous en affranchir. Surtout pour les pensées négatives.

Cercle #2 – Notre entourage

Le célèbre coach en développement personnel, Jim Rohn, disait que nous sommes, en tant qu'individu, « la moyenne des cinq personnes que nous côtoyons le plus ».
Faites le test : demandez aux cinq personnes que vous côtoyez le plus ce qu'elles pensent de l'investissement immobilier locatif.

Vous comprendrez pourquoi vous avez ces petites voix.

Cercle #3 – Notre société

De façon chronologique, après vos parents, la deuxième source de conditionnement la plus importante concernant vos pensées est le système scolaire. La fameuse « Éducation nationale ».
Cette institution est censée faire de vous un bon citoyen et, au passage, vous fournir le savoir et les compétences pour « réussir votre vie ».

Or, avez-vous déjà eu un cours de « développement personnel » à l'école ? Puisque tout notre modèle occidental est basé sur une économie capitaliste, il serait pertinent d'enseigner à chaque individu comment gérer ses « finances personnelles » pour s'en sortir le mieux possible.
Malheureusement, ce sont d'autres notions que l'on vous a enseignées…

Besoin de nouveaux modèles

Heureusement, il est possible de changer nos pensées afin de faire taire les petites voix négatives.

Cela n'est pas la chose la plus facile mais elle est indispensable.

Et c'est tout l'objectif de ce livre.

L'idée principale est d'essayer de vous transmettre de nouveaux modèles auxquels vous pouvez vous identifier.

Votre cerveau pourra ainsi, petit à petit, effacer les schémas mentaux négatifs qui le remplissent.

Pour cela je vous propose une approche un peu particulière.

Un angle différent des autres ouvrages que vous avez pu lire sur le sujet de l'immobilier, et qui sont répartis généralement en deux catégories :

Catégorie #1 – Les livres « techniques »

Plus ou moins conçus comme des manuels scolaires, les livres techniques ont pour vocation de vous transmettre de la théorie et du savoir factuel.

Ce sont de parfaits ouvrages pour vous donner un cadre et poser les bases de l'apprentissage en immobilier.

Tout comme les manuels scolaires sont importants pour acquérir un socle de savoir dans les nombreuses disciplines enseignées à l'école ou lors des études supérieures.

Face à un sujet inconnu, ils permettent de démystifier et diminuer l'appréhension.

Catégorie #2 – Les livres « mono-biographiques »

D'un autre côté vous avez également accès à des ouvrages écrits par des investisseurs qui souhaitent partager leurs expériences. Ce sont des livres très inspirants et souvent plaisants à lire car ils sont moins impersonnels que les livres « techniques ».

En nous plongeant dans la tête de l'auteur, il est plus facile de s'identifier et d'appliquer certains schémas psychologiques pour contrecarrer nos petites voix négatives.
Néanmoins, il existe un inconvénient évident : ces livres racontent l'histoire d'une seule personne.
Or, il existe autant de stratégies et de manières de se lancer dans l'immobilier que d'individus.

L'approche Invest Immo Club

Le parti pris par Invest Immo Club au travers de ce livre est de vous présenter un éventail d'expériences multiples.
Puisqu'il existe une immensité de manières et de profils, pourquoi se limiter à seulement un point de vue ?

En vous plongeant dans ce livre, vous plongerez également dans des dizaines d'histoires partagées par des investisseurs et bailleurs locatifs que j'ai eu l'occasion de rencontrer.

Mais pas n'importe lesquelles.

Ces témoignages proviennent principalement d'individus ayant réussi à faire des investissements rentables.

J'insiste sur ce point car, malheureusement, je pense que sur les trois millions de bailleurs recensés en France, la plupart sont loin d'être rentables ! Leur investissement leur coûte de l'argent chaque mois, au lieu de leur en rapporter.

Certains des témoignages m'ont été faits uniquement à l'oral et j'ai donc fait un travail de retranscription d'après mes souvenirs de ces conversations.

Parfois, j'ai dû les re-contextualiser pour que vous compreniez bien le sens général du point abordé.

Au final, comme indiqué dans le générique de début de certains films, les retours d'expériences compilés dans ce livre sont inspirés d'histoires vraies (tout en étant librement adaptées pour vous offrir une lecture simplifiée).

Le concept d'Immo-Preneur

Au fil des chapitres, vous remarquerez un terme qui revient souvent :

la notion d'Immo-Preneur.

En effet, au cours des multiples rencontres et discussions qui ont permis l'écriture de ce livre, je me suis rendu compte d'un point commun majeur entre tous les investisseurs les plus actifs et efficaces.

Un point commun dans leurs manières d'appréhender cette activité parallèle (qui devient souvent une passion).

Tout simplement, ils considèrent leurs projets d'investissements comme une petite entreprise !

Quand on y réfléchit, le parallèle est finalement assez naturel.

Lorsque l'on mène une opération immobilière de A à Z, il est nécessaire de maîtriser des domaines aussi variés que le juridique, la gestion de locataires, la rénovation, la recherche de financement, la fiscalité, les démarches administratives, la mise en location, la négociation…

Des sujets très similaires à ceux qu'un dirigeant de petite entreprise rencontre au quotidien.

Le terme Immo-Preneur est donc la contraction des mots « Immobilier » et « Entrepreneur » :

- être un Immo-Preneur, c'est arrêter de considérer l'investissement immobilier comme un hobby et commencer à agir de façon professionnelle ;

- être un Immo-Preneur, c'est avoir une vision, des objectifs et un plan d'action clairs qui vous guident dans vos investissements ;
- être un Immo-Preneur, c'est mettre une place des processus et une méthodologie pour réussir à optimiser votre temps ;
- enfin, être un Immo-Preneur, c'est savoir s'entourer, se concentrer sur ses compétences fortes et apprendre à déléguer les tâches chronophages.

L'investissement immobilier n'est peut-être pas « à la mode » et il peut même parfois susciter des commentaires négatifs.

À l'inverse, « l'entrepreneur » jouit d'un capital sympathie beaucoup plus élevé. Qui va d'ailleurs en grandissant.

Pour toutes ces raisons, mon plus grand souhait est, qu'après avoir lu ce livre, vous puissiez vous déclarer à vous-même (et à votre entourage) :

« Je suis un Immo-Preneur ».

À qui s'adresse ce livre ?

Ce livre est sans doute avant tout destiné aux débutants. Contenant de nombreux exemples divers et variés, toute personne débutante pourra trouver dans ce livre une histoire qui lui parle.

Quelle que soit votre situation, vous trouverez un témoignage auquel vous pourrez vous identifier :

- que vous soyez jeune ou plus âgé,
- que vous gagniez un SMIC ou un salaire confortable,
- que vous soyez célibataire ou en couple,
- que vous viviez dans une grande métropole ou un petit village,
- que vous soyez bricoleur, littéraire ou plutôt matheux,
- que vous possédiez votre résidence principale ou soyez locataire,
- que vous résidiez en France métropolitaine ou en Outre-Mer,
- que vous soyez salarié ou indépendant…

☞ Ce livre s'adresse à vous si vous cherchez de l'inspiration.

☞ Ce livre s'adresse à vous si vous souhaitez acquérir une vision « entrepreneuriale » de l'investissement immobilier.

☞ Ce livre s'adresse à vous si vous désirez devenir un Immo-Preneur.

Cela dit, si vous avez déjà commencé à investir, vous trouverez certainement quelques points très intéressants à appliquer.
En effet, il existe tellement de subtilités et de facettes différentes dans l'univers immobilier que n'importe quel expert pourrait continuer à se former continuellement.

Comment lire ce livre ?

Ce livre a été imaginé comme une succession de courtes histoires, chacune mettant en lumière un point, une anecdote ou un concept unique qui vous permettra d'élargir votre réflexion.

De manière générale, ces histoires sont complémentaires. Vous y retrouverez les concepts principaux de l'investissement immobilier (rentable) en fil rouge tout au long des témoignages.

Parfois, certaines histoires vous sembleront contradictoires. Ne vous inquiétez pas, cela est totalement volontaire. Vous devrez alors vous poser la question ; « quelle voix me parle le plus ? ».

En fonction de votre profil, de vos préférences et de vos expériences de vie, il y aura toujours un point de vue qui fera plus de sens qu'un autre à vos yeux.

Les différentes histoires étant complètement indépendantes, il est tout à fait possible de les lire de façon non linéaire. Néanmoins, je pense que pour une première lecture, la plupart d'entre vous aborderont l'ouvrage en suivant les pages dans l'ordre.

Afin de vous guider dans cette aventure, nous avons choisi (avec l'éditeur) de regrouper les différentes histoires au sein de six thématiques.

Thématique 1 : Comprenez l'économie immobilière pour booster votre stratégie d'investissement.
Thématique 2 : Domptez les concepts bancaires et fiscaux comme un pro.
Thématique 3 : Maîtrisez les travaux pour faire d'excellentes affaires.
Thématique 4 : Devenez un excellent gestionnaire locatif de votre patrimoine.
Thématique 5 : Appliquez les méthodes efficaces pour optimiser votre temps.
Thématique 6 : Adoptez le mental des Immo-Preneurs à succès.

La rubrique « Pour aller plus loin »

À la fin de certaines principes, vous découvrirez une section nommée « Pour aller plus loin ».

Le principe est de vous donner la possibilité de creuser certaines notions de manière plus interactive en vous rendant sur une page spécifique du site web www.investimmoclub.com

Pour quelles raisons ai-je décidé de procéder ainsi plutôt que de tout incorporer directement dans le livre ? C'est très simple, il y en a trois :

Raison #1 : en fonction de votre niveau de connaissances, vous pouvez avoir envie ou non d'aller plus dans le détail. Les ressources mentionnées permettent cela sans trop alourdir le livre.

Raison #2 : les références (sites internet, textes de lois, outils en ligne) sont susceptibles de devenir obsolètes rapidement et je n'aurai aucun contrôle dessus. À l'inverse, les pages de mon site internet resteront actives et mises à jour régulièrement afin de vous offrir une aide toujours actualisée.

Raison #3 : parfois une image, une vidéo ou tout autre support multimédia est clairement mieux pour vous aider à assimiler une idée.

Profitez donc au maximum de ces références !

Au fait, qui suis-je ?

Je m'appelle Bruno et je suis le fondateur d'Invest Immo Club. Après un diplôme d'ingénieur et un diplôme d'une grande école de commerce, j'ai découvert (un peu tard) que le monde du salariat n'était finalement pas pour moi. Je me suis donc demandé comment je pourrais générer des revenus pour subvenir à mes besoins et à ceux de mes proches.

En lisant les biographies d'hommes d'affaires célèbres, je me suis rendu compte que la meilleure méthode consistait à créer des sources de revenus variées. Notamment en fondant des entreprises.

Je me suis donc lancé.

Après avoir créé trois entreprises, je me suis intéressé à l'investissement immobilier, un domaine qui peut également générer des revenus de façon duplicable. Pour réaliser cela, il convient néanmoins d'appliquer une vision d'entrepreneur et, comme toujours, d'utiliser les méthodes approuvées par d'autres.

C'est ainsi que je me suis mis à rencontrer d'autres investisseurs, puis à organiser des événements pour nous rassembler plus fréquemment.

Aujourd'hui, j'ai investi dans cinq lots (quatre appartements et un local commercial) et un immeuble de rapport.

En synthétisant les retours d'expériences de centaines d'investisseurs rencontrés (débutants et initiés), j'essaie de proposer des méthodes pragmatiques et surtout réplicables.

Des méthodes clairement inspirées du monde de l'entrepreneuriat.

Mon objectif? Aider concrètement chaque personne motivée à générer des revenus complémentaires via l'immobilier.
Et démocratiser le concept d'Immo-Preneur.

BONUS

Est-ce que vous avez le sentiment de vous sentir un peu seul quand vous abordez votre envie d'investir dans l'immobilier ?
Si c'est le cas, je vous comprends.
C'est également ce que j'ai ressenti au départ de mon aventure.

Si vous êtes vraiment motivé pour avancer et développer votre petite entreprise immobilière alors j'aimerais vous proposer de rejoindre notre groupe Facebook secret « Immo-Preneur ».

Les conditions d'accès à ce groupe sont volontairement restrictives, afin de garder une grosse énergie. Un Immo-Preneur doit chercher à développer son réseau et ne pas rester sagement dans son coin.

Si vous pensez avoir la mentalité nécessaire, voici comment postuler :

- **Étape #1 : prenez-vous en photo avec le livre. Vous pouvez montrer votre tête ou non, vous mettre en situation (sur un chantier, en visite d'un bien immobilier, sur la plage, en voiture,...)**
- **Étape #2 : envoyez la photo à Bruno@InvestImmoClub.com**

C'est tout !
Ensuite, je vous enverrai le lien pour rejoindre le groupe secret. Vous pourrez alors profiter des conversations, découvrir les astuces des autres membres, poser vos questions, partager de bonnes adresses, etc.
Je suis impatient de vous y retrouver !

1

COMPRENEZ L'ÉCONOMIE IMMOBILIÈRE POUR BOOSTER VOTRE STRATÉGIE D'INVESTISSEMENT

#1 – Sachez différencier un actif et un passif

Actif et passif sont deux notions économiques indispensables à connaître pour investir intelligemment. Même si vous n'aimez pas la théorie, c'est pourtant crucial. Dans tout bilan d'une entre prise, il y a une colonne « actifs » et une colonne « passifs ». Pourtant, au-delà de ces notions de comptabilité d'entreprise, j'ai une définition plus personnelle des actifs et des passifs applicables pour moi en tant que particulier.

Un passif, selon moi, est un élément de mon patrimoine qui ne me rapporte rien, ou pire, qui me coûte de l'argent. Un actif, à l'inverse, me rapporte de l'argent maintenant ou prend de la valeur sur le long terme. Pour certaines choses, c'est simple. Un prêt à la consommation est un passif. Une voiture personnelle achetée neuve est un passif (elle perd instantanément de la valeur le jour de l'achat). Dans la catégorie des actifs, je range mes actions à fort dividende et mes investissements locatifs achetés qui génèrent du cash-flow positif. Mais également les deux formations que j'ai payées l'an dernier.

Cependant, il est important de nuancer. Parfois, certains éléments sont un peu trompeurs. Si un emprunt est un passif, mieux vaudrait alors ne pas en contracter. Pour répondre à cette question, je pense que si c'est un emprunt pour financer un appartement qui dégage du cash-flow, alors il ne faut pas hésiter. Au contraire, si c'est pour un investissement qui vous coûte de l'argent chaque mois et pour lequel il est difficile de garantir une hausse du prix dans les 10 ans (exemple parfois triste des investissements Pinel), alors moi, je dis non.

Autre exemple, à propos des voitures. Comme je l'ai déjà dit, une voiture neuve pour usage personnel est un pur passif selon moi.

Par contre, j'ai commencé à acheter deux voitures datant des années 80. Catégorisées « voitures de collection », celles-ci prennent de la valeur. Pour moi, c'est donc un actif. Et si l'on parle de la voiture achetée pour un taxi, ce qui lui permet de générer des revenus chaque jour, alors cela est plutôt à ranger dans la colonne des actifs.

Bref, si ce n'est déjà fait, je vous invite à lire le livre de Robert Kiyosaki, *Père Riche, Père Pauvre,* qui illustre très bien ces concepts. Pour déterminer les actifs et les passifs parmi chaque élément de patrimoine personnel, je me pose les deux questions suivantes :

- Est-ce que ça me rapporte plus d'argent que ça ne m'en coûte ?
- Comment évoluera sa valeur ? Dans 10 ans ? Dans 20 ans ?

Pour aller plus loin :

- Analyse du livre de Robert Kiyosaki – www.InvestImmoClub.com/Principe1

#2 – Faites attention à la seule promesse de défiscalisation

Avez-vous déjà rencontré un vendeur de produits immobiliers défiscalisants ? Après de nombreux calculs savants, la conclusion de ce dernier est souvent : « Vous allez donc effacer X milliers d'euros sur la période, pour un effort d'épargne mensuel de seulement Y euros ». La fin de la phrase signifie simplement que vous allez acheter un produit déficitaire, c'est-à-dire un produit qui vous coûte plus qu'il ne vous rapporte. Vous voyez le problème ?

Pour vous aider à comprendre, il faut vous dire que les produits défiscalisants sont imaginés par le gouvernement dont l'intérêt premier n'est clairement pas de vous rendre plus riche. Ces incitations fiscales servent plutôt à faire tourner l'industrie de la construction immobilière… Car oui, l'industrie du bâtiment a toujours été une bonne variable pour aider les gouvernements : augmenter les recettes fiscales, créer des emplois (dans le bâtiment), améliorer l'offre de logement…

Et puis ne parlons pas de la revente, après les années de défiscalisation (6, 9 ou 12 ans pour les investissements Pinel, par exemple). Certains investisseurs se sont retrouvés complètement bloqués, majoritairement pour deux raisons :

- le bien ne s'était pas apprécié comme prévu ;
- tous les autres appartements de l'immeuble étaient en vente simultanément.

#3 – Privilégiez le cash-flow à l'appréciation

[Témoignage d'un couple d'Immo-Preneur en Loire-Atlantique]

Bien malin celui qui arrive à prédire l'avenir avec exactitude. On peut même dire que c'est un grand fantasme de l'être humain et on comprend tout à fait pourquoi. Celui qui détient ce pouvoir possède un énorme avantage. Malheureusement personne (à ma connaissance) n'est devin. Dans l'immobilier en l'occurrence, ceux qui ont bénéficié d'une période de forte appréciation l'ont davantage dû au hasard qu'à une stratégie reproductible. Je l'ai moi-même vécu.

En 2001, encore trentenaire, avec ma compagne, nous décidons d'investir dans la pierre dans un quartier de ma ville natale. Nous achetons un T2, pour le proposer aux jeunes couples, profil classique des locataires dans ce quartier. L'appartement a été totalement refait par un marchand de biens. Il est légèrement plus cher que le prix du marché ancien dans la zone, mais c'est un vrai coup de cœur. Nous avions 50 € à rajouter au loyer chaque mois pour couvrir la mensualité de l'emprunt. Un an plus tard, la mairie annonce prolonger le tramway exactement vers ce quartier. En 2007, le tramway était fini et le prix de notre bien avait doublé.

Entre-temps, convaincu du potentiel de cette zone, nous avons décidé d'acheter un autre T2. Neuf cette fois. C'était en 2004 et les promoteurs avaient lancé des programmes le long du tracé du tramway. Cette fois, nous avons payé plus cher. D'abord parce que c'était un bien neuf. Et ensuite car c'était dans une zone devenue officiellement en expansion. L'effort d'épargne était de 320 € chaque mois. Mais nous croyions au quartier et en plus, une incitation fiscale (Loi de Robien) nous permettait de « regagner » une partie de ces sommes en réduction d'impôts. Le but était de revendre après 9 ans avec une plus-value.

Malheureusement, en 2008, la crise des subprimes éclata. En France, cela eut moins d'impact qu'aux USA mais les prix ont quand même chuté. Ainsi, en 2015, lorsque nous avons revendu, ce fut avec une décote de 20 % par rapport à l'achat. En 2010, nous avions déjà compris que nous serions perdants avec ce bien.

Depuis, nous avons racheté deux autres T2 dans d'autres quartiers un peu moins « en vue » que le premier. Cette fois sans espérer de plus-value, mais en visant un cash-flow positif. Pour cela, nous avons acheté des biens à des prix en dessous du marché, avec des travaux. En proposant de bonnes prestations, nous avons trouvé des locataires très facilement. Et avec des loyers en constante progression, j'arrive même à augmenter mon cash-flow. Je vous le dis, aujourd'hui je préfère gagner un peu d'argent chaque mois « à coup sûr ». Et si jamais le bien vient à s'apprécier dans les années suivantes, alors c'est un bonus.

Pour aller plus loin :

- Infographie sur l'autofinancement et la création de cash-flow : www.InvestImmoClub.com/Principe3

#4 – Pensez toujours à la revente

Malgré tout ce que vous pensez aujourd'hui, il est fort probable que vous deviez (ou vouliez) revendre vos biens d'investissement avant la fin du crédit contracté. D'après les chiffres à l'échelle nationale, le temps de détention moyen d'un bien immobilier est de 9-10 ans.

Du coup, il est toujours bien de prendre les devants et d'essayer de se projeter dans cette situation, c'est-à-dire de prendre en compte dans vos simulations le cycle complet d'un investissement : de l'achat à la revente. Par exemple, si vous devez revendre le bien un an après l'achat, à qui le vendrez-vous ? À quel prix ? Est-ce que les acheteurs potentiels seront des particuliers en recherche de résidence principale ou des investisseurs ? Quelles améliorations pertinentes devrez-vous faire pour augmenter la valeur du bien et donc espérer une plus-value ?

Récemment, un investisseur me disait que juste avant de revendre un appartement, il avait refait les deux salles de bains et la cuisine pour un budget de 5 000 €. Cela lui a permis d'augmenter son prix de vente d'au moins 15 000 €.

Penser à la revente c'est également penser à la fiscalité applicable lors de la cession. Le fait d'acheter en direct, via une SCI (cf. Principe #32) ou d'exploiter en statut LMNP (cf. Principe #29) imposera des règles de calcul différentes pour les taxes que vous allez payer. Il faut donc que vous fassiez vos simulations en conséquence.

D'ailleurs pour bien simuler tout cela, il existe deux formules plus précises que le simple taux de rentabilité.

Il s'agit du :

- Calcul du Taux de Rendement Interne (TRI)
- Calcul de la Valeur Actuelle Nette (VAN)

Ces deux formules permettent de déterminer la vraie rentabilité de votre investissement. De l'achat à la revente. Ce sont ces formules qui sont utilisés par les investisseurs professionnels lorsqu'ils ont le choix entre plusieurs projets d'investissements.

Pour aller plus loin :

- Comment obtenir facilement les formules de TRI et de VAN : www.InvestImmoClub.com/Principe4

#5 – Faites des arbitrages régulièrement

Ce conseil s'applique plus particulièrement aux investisseurs expérimentés. Dans le langage financier, arbitrer signifie se désengager d'un actif X pour réinvestir l'argent dans un actif Y (ayant généralement un potentiel plus important). La mise en œuvre est assez facile si votre actif est une action, par exemple. Il vous suffit de quelques clics de souris pour vendre et acheter des paquets d'actions.

Il va sans dire que dans l'immobilier, cela est un peu plus complexe (et surtout plus long). On dit que le marché immobilier est peu liquide. Et surtout les frais de transactions sont importants (frais de notaires, frais bancaires, frais d'agent immobilier). Néanmoins, une fois que vous avez intégré tous ces coûts, il peut être pertinent de faire des arbitrages, c'est-à-dire vendre un bien, récupérer l'argent restant et réinvestir dans un autre bien.

Mais alors, quelles sont les conditions pour faire un bon arbitrage ? Parfois, les premiers investissements réalisés ne sont pas extrêmement rentables. Au fil des années, vous allez gagner en expérience et réaliserez de meilleurs investissements. Après quelques acquisitions, il peut donc devenir pertinent de vendre un ancien bien et d'acheter, à la place, un nouveau bien, plus rentable.

Outre la rentabilité, d'autres facteurs sont aussi à prendre en compte. En effet, il peut être intelligent de revendre un bien pour investir dans un autre ayant la même rentabilité, mais situé dans un meilleur quartier. Enfin, certains investisseurs expérimentés qui ont réussi à bâtir un patrimoine conséquent décident de se délester de certains biens pour investir dans la pierre-papier qui apporte habituellement un rendement moindre mais libère beaucoup de temps (gestion proche de 0).

#6 – Le profit se fait toujours à l'achat

Comme le dit le célèbre investisseur Warren Buffett, une bonne affaire se fait toujours à l'achat. Je vous conseille d'ailleurs de faire l'acquisition et la lecture de sa biographie : *L'effet boule de neige*[1], un livre à découvrir pour forger son esprit d'investisseur. Il y explique le principe selon lequel il est vraiment difficile de prédire les évolutions du marché et donc qu'une bonne affaire se fait au moment de l'achat.

Pour l'immobilier cela signifie acheter en dessous de la valeur du marché. Certains interlocuteurs (des agents ou des médisants) vous diront parfois qu'il est impossible de trouver en dessous du marché à moins d'avoir de très bons contacts... Pourtant c'est faux ! Il existe de nombreuses anomalies de marché dans toutes les villes : l'objectif est donc d'être là au bon moment.

Les divorces, successions et mutations sont des événements de la vie courante. C'est certain, vous devez en connaître, ou en avoir connus dans votre entourage. Eh bien, ces événements communs constituent des contextes de transactions immobilières propices aux anomalies de marché. En effet, dans ces moments, les gens ont besoin de vendre vite.

Dites-vous qu'il vaut mieux faire UNE excellente opération tous les deux ans, plutôt que DEUX acquisitions moyennes tous les ans. Donc, même si cela doit vous prendre deux ans (je n'espère pas quand même...), ne rabaissez pas vos exigences. Achetez UNIQUEMENT si c'est en dessous du prix du marché.

---

1. Alice Schroeder : *Warren Buffett, la biographie officielle – L'effet boule de neige*. Valor, 2010.

Pour aller plus loin :

- Résumé du livre de Warren Buffett : www.InvestImmoClub.com/Principe6

#7 – Essayez d'apporter de la valeur

Il existe autant de manières d'investir que d'investisseurs. Pour moi, investir dans l'immobilier physique ne signifie pas acheter un bien clé en main et en confier la gestion à une agence immobilière. Sinon, c'est ce que j'appelle un placement. C'est une option, mais en général cette manière de faire n'est pas très rentable.

Je me trompe peut-être mais dans mon entourage, les gens qui ont investi dans des résidences services, par exemple, s'en mordent plutôt les doigts. Si mon objectif est de n'avoir aucune tâche de gestion à accomplir, je préfère placer mon argent sur des produits tels que des parts de SCPI (Société civile de placement immobilier) qui sont des véhicules d'investissement immobilier (avec possibilité de contracter un prêt pour faire effet de levier) permettant d'obtenir des rentabilités à 4 ou 5 % sans aucune gestion.

À l'inverse, pour faire de bons investissements et profiter réellement de la puissance de l'immobilier physique, je pense qu'il est nécessaire d'apporter de la valeur. D'après mon expérience, il existe plusieurs stratégies. En voici cinq :

- acquérir des biens décotés (sous la valeur du marché). C'est une des règles d'or que j'applique pour chacun de mes investissements,
- réaliser des travaux d'amélioration pour augmenter la valeur perçue (et donc la valeur locative mais aussi la valeur de revente),
- modifier la nature du bien. Par exemple, convertir une surface commerciale en surface résidentielle. Ou transformer une maison unifamiliale en colocation,

- agrandir un bien. En optimisant des volumes non exploités. Pensez à la création d'une mezzanine, une surélévation ou l'ajout d'une véranda,
- diviser un bien. En créant deux studios dans un T3, par exemple. En divisant le terrain d'une maison pour en bâtir une autre à côté.

Il existe assurément d'autres manières d'apporter de la valeur, il faudra choisir en fonction de votre marché et de vos préférences.

#8 – L'achat de votre résidence principale n'est pas toujours rentable

[Témoignage d'un couple d'Immo-Preneur à Rennes]

Connaissez-vous la phrase la plus infondée dans le domaine de l'immobilier ? Vous l'avez sûrement déjà entendue dans la bouche de vos amis ou de gens de votre famille : « Moi, c'est décidé, je vais acheter. J'en ai marre de jeter mon argent par les fenêtres en payant un loyer chaque mois ». Voilà !

Cette petite phrase, je l'ai prononcée moi-même lorsque j'avais environ 30 ans et que j'habitais encore dans Paris. Avec ma conjointe, nous avons donc acheté un T2 de 40 m^2 à environ 220 k€ avec 10 k€ de travaux en plus. Rapidement, nous avons eu deux enfants et il nous fallait donc trouver un autre appartement. Plus grand. Sauf que nos projets de vie personnelle avaient évolué. Nous souhaitions, pour nos enfants, partir en province dans les deux ans à venir, donc pas question de racheter sur Paris. Ainsi, durant cette période transitoire, nous avons loué un appartement de 70 m^2.

En parallèle, nous avons mis notre T2 de 40 m^2 en location. Les loyers ainsi récupérés (1 050 €/mois) aidaient à couvrir une partie des mensualités (1 500 €/mois). Mais nous devions toujours mettre 450 euros de notre poche chaque mois, sans parler des taxes foncières et charges diverses chaque année. Et pourtant, nous n'avions pas acheté notre appartement au-dessus des prix du marché. En déboursant autant chaque mois, j'en étais arrivé à la conclusion que les gens possédant plusieurs biens locatifs devaient vraiment être riches…

Et pourtant un jour, j'ai découvert qu'il était possible de faire des achats autofinancés. Je me suis alors formé et j'ai décidé d'agir pour construire un patrimoine rentable, qui ne repose pas sur notre résidence principale. Nous avons vendu le bien à Paris (avec une petite plus-value au passage) et investi dans une zone proche de Rennes, où il est possible d'avoir une bonne rentabilité.

Désormais nous habitons dans cette ville bretonne et continuons à investir. Nous avons aussi acheté une maison pour nous, mais cette fois nous savons que c'est pour des raisons émotionnelles (avoir un « chez nous ») plutôt que pour des raisons économiques. Pour l'aspect rationnel, nous bâtissons un patrimoine qui est basé sur la rentabilité élevée.

Donc, si vous habitez dans une ville à faible rendement (où l'autofinancement est trop rarement possible) et que vous voulez faire de l'investissement locatif, voici mon conseil : restez locataire et cherchez à investir dans du locatif plus loin !

Pour aller plus loin :

- Utilisez la stratégie d'achat-revente de votre résidence principale, cf. Principe #34

#9 – En immobilier, les femmes ont le pouvoir

Rassurez-vous je ne suis ni féministe ni misogyne. Seulement, c'est un fait que j'ai eu l'occasion de vérifier à plusieurs reprises dans mon travail. En plus d'investir, je suis également agent commercial immobilier. D'ailleurs, je n'invente rien. En effet, saviez-vous que la cible préférée des publicitaires, la fameuse « ménagère de moins de 50 ans », a joliment été renommée « responsable des achats du foyer » ?

Nos amis de l'industrie de la grande consommation ont compris que les dames prennent la majorité des décisions dans la vie d'une famille. Et cela commence par le choix du foyer au sens propre, c'est-à-dire le logement.

Si vous n'êtes pas un spécialiste du marketing, vous pouvez quand même prendre en compte ce fait dans votre activité d'investisseur immobilier. Par exemple, imaginez que vous êtes en train de négocier un achat avec un couple de vendeurs, eh bien, veillez à discuter également avec madame et lui dire quelques bons mots sur les points positifs de son logement.

Autre exemple, si vous investissez avec votre compagne, n'hésitez pas à lui demander conseil pour l'aspect décoration. La gent féminine a souvent plus de goût que les hommes dans ce domaine.

Enfin, si vous ciblez des couples ou des familles en tant que locataires, assurez-vous d'obtenir le ressenti de la femme. C'est une bien meilleure indication pour déterminer si le couple est intéressé par votre logement ou non.

#10 – Intégrez toujours une période de vacance locative

[Témoignage d'un Immo-Preneur à Toulouse]

J'ai aidé beaucoup d'investisseurs débutants à analyser leurs projets d'investissements. Savez-vous quelle erreur revient fréquemment ? Le fait de surestimer les revenus locatifs. Pourtant, les montants de loyer sont en général correctement calculés (pour cela, il suffit généralement de faire une synthèse rapide de quelques biens comparables, par exemple, sur le site SeLoger.com). Non, l'erreur courante vient de l'estimation du taux d'occupation !

La plupart des débutants prennent, par défaut, un taux d'occupation de 100 %. Cela équivaut à surestimer le montant des recettes locatives annuelles. Et donc à surestimer le rendement final ! Ce taux d'occupation (et son corollaire, le taux de vacance locative) est beaucoup plus utilisé dans le monde de l'immobilier commercial ou de bureaux. Ou encore dans l'immobilier d'hôtellerie (et par conséquent dans la location de courte durée). Dans l'immobilier locatif résidentiel, il est important de penser à intégrer cette variable dans nos calculs.

Sur mes propres investissements, voici comment je procède. Grosso modo j'ai deux types de biens. Des studios tout proches de l'université de Toulouse et des petites maisons en périphérie de la métropole toulousaine. De façon peu surprenante, le turnover (fréquence à laquelle un changement de locataire survient) enregistré sur nos studios est plus important que sur nos maisons. Pour rester conservateur, j'applique un mois de vacance locative annuelle sur le premier type de biens (les studios) et 15 jours sur le deuxième type (les petites maisons).

Est-ce que cela a réellement un impact important ? Il suffit de faire une petite simulation chiffrée. Soit un studio à 60 k€ (tous frais inclus) loué à 350 € par mois, la rentabilité brute est de 7 % :

(350 x 12/60 000 = 7 %)

Si on retranche un mois de loyer, la rentabilité tombe à 6,4 %. Cela fait une différence significative n'est-ce pas ? Et cela se ressent très souvent dans le montant de cash-flow espéré également.

#11 – N'espérez pas de plus-value

Il existe une théorie économique selon laquelle un euro aujourd'hui vaut davantage qu'un euro demain. En gros, si je vous donne 1 € tout de suite, cela est mieux que si je vous le donne demain. Cela s'explique de différentes manières, notamment par la possibilité de générer des intérêts (en plaçant cet euro) mais aussi par l'effet de l'inflation. Pourtant, au sujet de l'immobilier, il semble que les gens ont généralement une pensée contraire.

Prenez deux biens à 200 000 €. Le bien A permet de générer 500 €/mois de trésorerie excédentaire, dans une région où la valeur du bien n'augmentera pas au bout de 10 ans. À l'inverse, le bien B est *a priori* mieux situé et donc vous pourriez « espérer » une augmentation de 4 % par an (c'est-à-dire une revente à 300 k€ dans 10 ans). Par contre, il faudra rajouter 300 € de votre poche chaque mois.

Bizarrement, la majorité des gens vont préférer le bien B.

Faisons la simulation au bout de 10 ans. Avec le bien A, vous aurez gagné 60 k€ grâce à la trésorerie excédentaire mensuelle mais rien sur la revente (on va dire que les frais de notaire sont absorbés par une toute petite augmentation). Pour le bien B, vous pouvez « espérer » le revendre autour de 300 k€ (soit 100 k€ de plus-value) mais vous aurez payé 36 k€ de votre poche (petit à petit chaque mois). Soit un gain brut de 64 k€. C'est-à-dire mieux que le bien A (en considérant qu'il n'y a pas de taxation sur la plus-value).

Pourtant, la théorie mentionnée plus haut s'applique. Ces 64 k€ ne pourront être obtenus que dans 10 ans. Or, les 60 k€ du bien A sont gagnés petit à petit chaque mois. En les plaçant sur des produits générant des intérêts (ou en les réinvestissant dans d'autres opérations immobilières), l'enrichissement potentiel est supérieur. Pour conclure, il y a un dernier petit détail. Si vous gérez correctement le bien A, vous êtes en mesure d'assurer cet excédent de 500 € chaque mois (vous avez le contrôle). Par contre, l'éventualité de voir une augmentation de 4 % du bien B est beaucoup plus hypothétique (et vous n'avez pas du tout le contrôle sur cela…).

Ainsi, dans vos opérations, recherchez des biens avec une belle rentabilité et des excédents de trésorerie. Et considérez la plus-value potentielle comme une cerise sur le gâteau.

#12 – Développez en parallèle vos investissements non immobiliers

Investir dans l'immobilier est certes une excellente manière de faire travailler votre argent et de vous bâtir un patrimoine, mais ce n'est pas la seule. D'ailleurs, certaines personnes au sein d'Invest Immo Club ? / estiment que les entreprises sont plus pertinentes en tant que vecteurs de création de richesse. Et qu'investir dans une entreprise apportera un meilleur retour sur investissement.

Cependant, il y a deux points négatifs. Premièrement, il faut avoir une idée pour créer une entreprise. Deuxièmement, la probabilité de succès est plus faible comparé à la stabilité assez élevée d'un investissement immobilier (lorsqu'il est réalisé intelligemment bien sûr). Du coup, pour contourner ces deux inconvénients, le marché des actions en bourse est tout indiqué. On investit dans les entreprises créées par d'autres personnes, certaines avec un historique centenaire. Et on peut également investir dans plusieurs entreprises en même temps pour mutualiser le risque de défaut.

Souvent, les deux camps sont opposés (investisseurs immo VS investisseurs bourse) et chacun avance des arguments très pertinents. Personnellement, je conseille de concilier les deux.

Ma méthode préférée s'appelle le "Lazy Investing" (littéralement « investissement paresseux ») et consiste à investir dans les actions de manière totalement passive et systématique afin de profiter de l'évolution moyenne des marchés boursiers sur le long terme (une méthode populaire aux USA, pas trop encore en France). J'ai commencé à m'y intéresser car dans les faits, historiquement et sur le long terme, la bourse apporte des rentabilités similaires (voire supérieures) à l'immobilier. Si le sujet vous intéresse, un petit livre francophone présente très bien cette méthode (cf. ci-dessous).

Pour aller plus loin :

- Découvrez le livre en Français présentant la méthode "Lazy Investing" : www.InvestImmoClub.com/Principe12

#13 – Soyez plus actif durant l'automne et l'hiver

Le marché immobilier fonctionne par cycles. En plus des cycles macro qui s'étalent généralement sur plusieurs années, il est intéressant de voir que le marché est également animé par des variations saisonnières. Dans ce cas, ce sont plutôt des raisons psychologiques et pratiques, de la part des acheteurs et vendeurs, qui provoquent ces fluctuations. Avant de détailler la courbe de saisonnalité, rappelons-nous que ce sont les acquéreurs de résidences principales qui composent le gros de la demande en immobilier résidentiel, et non les investisseurs immobiliers.

En hiver, le marché est encore en hibernation suite à la période des fêtes. Mais le tout début du printemps, au mois de mars, commence à remotiver les ménages pour avancer dans leurs projets. Le nombre de transactions augmente petit à petit et les prix avec. Le début du 1er trimestre de l'année est donc encore intéressant pour trouver de bonnes affaires. Mais ne faites pas trop traîner les négociations au risque de perdre l'affaire face à un acheteur motivé par les beaux jours et qui fera une offre au prix affiché par le vendeur.

Au printemps, c'est un peu la « haute saison » de l'immobilier. La majorité des acquéreurs souhaitent en effet pouvoir concrétiser un projet pendant l'été. Ceci afin de planifier un déménagement pendant les vacances scolaires, plus facile lorsqu'on a des enfants. Le climat doux et les jours plus longs influent positivement sur le moral des ménages. Les Unes « spécial immobilier » des magazines sont là pour entretenir la flamme. Donc, si vous souhaitez investir, vous risquez de perdre de votre pouvoir de négociation à cette période. Par contre, si vous avez des biens à vendre, c'est le bon moment !

En été, les actes authentiques sont signés en moyenne trois mois après les compromis, c'est pour cela que les prix les plus élevés sont enregistrés au trimestre 3 (pour des compromis signés au trimestre 2). Mais sur le marché, les transactions connaissent une baisse. D'abord, les gens sont en vacances. Puis vient le temps de préparer la rentrée. Certains vendeurs ou acheteurs qui n'ont pas réussi à conclure au trimestre précédent sont encore sur le marché, mais de façon générale le nombre de transactions baisse.

À l'automne, les ménages ont déserté le marché. La rentrée est passée et l'automne fait son entrée. Le moral est également affecté par le froid et les journées qui raccourcissent. Tout cela ne donne pas forcément envie de visiter des biens immobiliers. Le nombre d'acquéreurs est faible et les vendeurs ne sont donc pas en position de force. Pour vous, en tant qu'investisseur, c'est certainement le meilleur moment pour faire de bonnes négociations. Par rapport aux ventes effectuées au printemps, les prix sont naturellement 3 % inférieurs en cette période de l'année !

Si vous souhaitez investir, il est donc pertinent de prendre le marché à contre-pied et de vous positionner lorsque les acquéreurs de résidences principales sont absents. Privilégiez la période de novembre à février pour réaliser de nombreuses visites et faire des offres agressives. Bien sûr, il est également possible de bien négocier au printemps et au début de l'été (mars à juillet) mais les prix seront naturellement plus hauts (jusqu'à 3,5 % en province). À l'inverse, vous pourriez en profiter pour vendre vos biens les moins performants.

#14 – Pensez en prix/m^2

Dans la vie tout est relatif. Dans l'immobilier c'est pareil, et pour prendre vos décisions intelligemment, vous devez avoir un référentiel. Ce référentiel doit être le plus précis possible tout en étant facile à comprendre. En tant qu'investisseur immobilier, le m^2 est notre étalon. Voyons dans quels cas il est utilisable.

Premièrement quand on parle de prix d'achat, on parle communément de prix/m^2. Dans une localité précise, le prix/m^2 moyen des transactions récentes représente ce que l'on appelle le « prix du marché » à cet instant. C'est en utilisant cette référence que vous pouvez évaluer la « sous-valorisation » d'un bien que vous visez (plus le bien est sous-évalué mieux c'est, évidemment !). Le prix/m^2 peut également être appliqué au montant des loyers. Cela peut vous servir à détecter rapidement si le loyer pratiqué dans un logement que vous tentez d'acheter est pertinent. Avec ces deux chiffres, vous pouvez aussi calculer rapidement le rendement brut moyen qui existe dans une zone géographique (Loyer moyen au m^2 x 12/Prix d'achat moyen au m^2).

Autre exemple, la réflexion au m^2 s'applique également aux aspects travaux et rénovation. Quand vous achetez peintures, sols ou revêtements muraux, vous devez réfléchir en m^2. Pour les plus gros travaux (construction de nouvelles cloisons, réfection de chape, isolation), vous pouvez discuter en prix/m^2. À la limite, seuls les éléments individuels ne sont pas calculables en m^2 (éléments de cuisine, de salle de bains, fenêtres). Mais il est toujours possible d'évaluer un coût de rénovation global par m^2.

De façon commune, on dit qu'une rénovation légère coûte en moyenne 500 €/m² et qu'une rénovation complète commence à partir de 1 000 €/m². Pour comparatif, aujourd'hui en France, le coût total d'une construction neuve par un promoteur est d'environ 1 500 €/m² (auquel s'ajoute le prix du terrain).

Pour aller plus loin :

- Les meilleurs sites pour obtenir le prix du marché moyen – www.InvestImmoClub.com/Principe14

#15 – Pensez à votre résultat net

Votre business immobilier est une petite entreprise. Or, pour toute entreprise qui se respecte (en fait c'est même une obligation légale) il faut clôturer périodiquement un bilan. Celui-ci étant basé sur le compte de résultat. Dans ces deux documents, une ligne est très importante : celle qui indique le résultat net.

Pour faire simple, la seule lecture de ce chiffre permet de savoir si l'entreprise génère des bénéfices (si le résultat net est positif) ou des pertes (si le résultat net est négatif). L'objectif de tout entrepreneur est de réussir à dégager un résultat net positif. Premièrement, c'est un signe de bonne santé financière. Deuxièmement, cela signifie que l'entité crée de la richesse. Surtout, c'est une position qui permet à l'entrepreneur de faire de nouveaux investissements afin de développer encore plus son entreprise (en ayant recours à la dette bancaire).

Imaginez une entreprise qui chaque année fait des pertes et qui va voir son banquier afin d'obtenir un emprunt pour agrandir ses locaux. Si l'entrepreneur n'a pas réussi à créer de richesse jusqu'alors, pourquoi y arriverait-il dans le futur ? Dans le fond, la stratégie de cette entreprise n'est peut-être pas viable, tout simplement. En tout cas, c'est le raisonnement que le banquier fera.

En tant qu'investisseur, vous devez adopter le même état d'esprit. Vous devez monter un business qui crée de la richesse, c'est-à-dire un business ayant un résultat net POSITIF. Dans le monde de l'investissement immobilier, on parle de cash-flow positif. Selon les personnes, le calcul qui se cache derrière ce mot peut être variable. Pour moi, le vrai calcul doit tout prendre en compte. Dans une première colonne, inscrivez toutes les recettes (les loyers principalement) et dans une deuxième colonne, toutes les charges (y compris les impôts!). Puis soustrayez le montant de la colonne 2 de celui de la colonne 1.

Puisque les charges varient souvent d'une année à l'autre, je fais cet exercice annuellement. Avec le recul, je vous assure que le résultat réel est souvent différent des projections effectuées au départ.

#16 – Comprenez pourquoi, sur le très long terme, l'immobilier augmente

Si vous vous intéressez à l'investissement dans l'immobilier c'est sûrement car, comme moi, vous en appréciez l'aspect tangible. Bien sûr il existe des périodes de récession, et dans ces moments l'immobilier n'est pas épargné. La crise des subprimes en 2007 aux USA en est l'exemple le plus manifeste. Cependant, historiquement, l'immobilier est un produit très solide, au moins sur le long terme. En y réfléchissant un peu, on peut expliquer cela par au moins quatre facteurs.

Facteur #1) La rareté des terres. Dans l'univers de l'immobilier, on entend régulièrement la notion de « foncier ». Cela signifie littéralement « relatif à un fonds de terre » (taxe « foncière », revenu « foncier », etc.). En effet, dès que l'on devient propriétaire d'un appartement, nous devenons également propriétaire d'un bout de terrain. Or, le volume de terrains disponibles est limité. Dans les zones urbanisées (là où se concentrent les emplois et la population), cette ressource « non renouvelable » devient alors de plus en plus précieuse, faisant augmenter naturellement le prix des terrains.

Facteur #2) L'inflation. À l'instar des produits de consommation, le prix des matériaux de construction croît régulièrement, ce qui est couramment reflété par la notion d'« inflation ». Cette inflation influence directement le coût des constructions neuves ainsi que celui de travaux de rénovation de biens anciens. Certaines matières premières utilisées (l'acier, le cuivre, le pétrole, etc.) voient également leur prix augmenter car la demande mondiale est en plein essor, poussée notamment par les grandes puissances émergentes.

Facteur #3) La hausse des salaires. Il vous semble normal que, régulièrement, vous obteniez une petite (ou grande) augmentation de salaire. C'est tout le bien que l'on vous souhaite ! Mais pensez que cela se produit dans toutes les entreprises, dont les entreprises du bâtiment. Ainsi, logiquement, la facture finale pour un même chantier de construction (ou de rénovation) augmente d'année en année. Et cela est répercuté directement sur le prix final moyen des biens immobiliers, qu'ils soient neufs ou anciens.

Facteur #4) La démographie. Bien que dans certains pays, la population décroît légèrement (l'Allemagne, par exemple), la pression démographique augmente généralement dans les secteurs urbains et périurbains. Cela est vrai dans le monde entier et en France notamment. Cette tendance à long terme de concentration démographique entraîne une demande accrue de logements. Généralement, les prix montent d'abord dans le cœur des villes puis le mouvement se propage à la périphérie.

#17 – Faites attention à l'analyse macro

[Témoignage d'un Immo-Preneur habitant à Paris]

Mon premier investissement immobilier fut dans un produit de défiscalisation. Remettons-nous dans la situation, il y a 10 ans. Je travaille dans une société à la Défense en tant que cadre et je viens d'avoir une excellente promotion. Le revenu de notre couple augmente et nous passons dans la tranche d'imposition supérieure (TMI à 30 %).

Au même moment, un gestionnaire de patrimoine me contacte (je ne sais pas comment il a obtenu mon numéro mais cela tombait à pic) pour me proposer d'investir dans un produit qui me permet de réduire mes impôts. Je me laisse séduire par un projet de constructions neuves près de Montpellier. Je ne connais pas spécialement la ville mais je sais que la démographie dans cette région est en plein essor.

Quelques années plus tard… Le projet se situe en fait dans une zone, en effet proche de Montpellier, mais qui est restée à l'écart des différents projets de transports en commun déployés par la métropole. D'ailleurs, cela n'a jamais été prévu. J'avais extrapolé la situation générale de Montpellier, sans faire d'étude localisée. Mon bien n'a jamais pris de valeur et je me suis rendu compte de cela rapidement.

En parallèle, j'ai cherché à en savoir plus sur l'immobilier et je me suis rendu compte que l'investissement dans l'ancien dans des petites villes était beaucoup plus pertinent. *A priori,* lorsque je demande à des connaissances s'ils préfèrent investir proche de Montpellier ou à Évreux (ma ville d'origine), beaucoup répondent Montpellier.

Pourtant, aujourd'hui, je suis sûr qu'un T2 dans le cœur de la ville d'Évreux trouvera plus facilement un locataire qu'un T2 dans la banlieue de Montpellier. Pour le même prix ! Et si j'arrive à faire des travaux modernes, je le vendrai même plus facilement.

Je n'ai pas encore passé le cap d'investir dans des petites communes de quelques milliers d'habitants. Mais je sais que cela peut être très pertinent. L'immobilier est un domaine très très localisé. Au-delà des grands chiffres, il est impératif de se déplacer et de visiter lorsque vous faites un investissement.

#18 – Faites un suivi mensuel du budget

[Témoignage d'un Immo-Preneur à Marseille]

L'investissement immobilier demande de la rigueur et de la persévérance. Un point sur lequel vous devez être particulièrement intransigeant est la gestion des finances. Dans un des chapitres de ce livre, nous parlons de l'importance du cash-flow [00]. Dans un autre, de l'importance d'avoir un matelas de trésorerie [00]. Ces indicateurs financiers sont à surveiller de façon régulière et le plus simple est d'assurer un suivi mensuel. Sous peine de devenir vite débordé.

Dans le monde des entreprises, le suivi des finances ainsi que la tenue des comptes sont cruciaux pour assurer la bonne santé financière de la structure. D'après les chiffres, beaucoup d'entreprises font faillite non pas par manque d'activité mais à cause d'une mauvaise gestion financière (difficulté à se faire payer par les clients, mauvaise prévision du BFR, etc.). Pour votre petit (ou plus grand) business immobilier, je vous recommande de suivre la même rigueur. D'ailleurs, cette recommandation est même obligatoire dans certains cas (statut LMNP, investissement via SCI,…) et nécessite de faire appel à un comptable.

Pour faire ce suivi, vous pouvez utiliser des logiciels de comptabilité spécialisés pour les TPE-PME. Ou alors faire plus simple à l'aide d'un basique tableau Excel. Peu importe la manière, le but est de vous y retrouver et d'avoir à jour les indicateurs clés.

Personnellement, voici les points que je vérifie systématiquement :

- vérification du paiement des loyers pour chaque locataire et détection des retards potentiels ;

- vérification des virements effectués par la CAF (Caisse d'allocation familiale) pour les locataires bénéficiant d'une Aide pour le Logement (APL) ;
- vérification des prélèvements des échéances de la banque et des assurances (emprunt et PNO – Propriétaire Non-Occupant).

Sur ce dernier point (assurance PNO), je me suis aperçu un jour d'une augmentation de la cotisation mensuelle. J'ai alors remis mon contrat d'assurance en concurrence entre plusieurs compagnies et en ai fait baisser le montant de 20 %. Ce suivi de budget me permet également de voir l'écart entre la réalité et les simulations effectuées au tout début de l'investissement.

Pour aller plus loin :

- Modèle de tableau pour le suivi du budget mensuel – www.InvestImmoClub.com/Principe18

#19 – Essayez de mutualiser les risques

[Témoignage d'un Immo-Preneur près de Belfort]

La mutualisation du risque est la base du système des assurances. Dans mon business immobilier, j'ai détecté trois risques majeurs, principalement financiers. Chacun d'entre eux ayant un impact direct sur ma rentabilité. Et dans les cas extrêmes, ils peuvent m'empêcher de rembourser les mensualités d'emprunt. Ces trois risques sont :

- le risque d'impayé ;
- le risque de vacance locative ;
- le risque de dommage sur un bien.

Pour couvrir le troisième risque, il existe l'Assurance Propriétaire Non Occupant (souscrite par moi) et Multirisque Habitation (souscrite par le locataire). Pour couvrir le premier et deuxième risque, je pourrais souscrire une Assurance Garantie des Loyers Impayés (GLI). Cependant, je n'ai jamais souscrit une telle assurance GLI. Pourquoi ? Parce que je mutualise moi-même le risque sur cet aspect.

En effet, je n'investis que dans des biens ayant plusieurs locataires. Soit des immeubles de rapport, soit des appartements/maisons en colocation. Ainsi, mon prêt est toujours lié à plusieurs locataires et donc plusieurs loyers. D'un point de vue statistique, il est peu probable d'avoir des problèmes de loyers impayés ou de vacance locative simultanément sur toutes les unités au sein d'un même immeuble (ou tous les colocataires d'un même appartement). Lorsque je vois la difficulté à faire jouer une Assurance Garantie des Loyers Impayés, je ne regrette pas mon choix jusqu'à présent.

De plus, je pars du principe que j'ai une part de contrôle sur ce genre de risque. Une sélection et un suivi rigoureux des locataires me permettent de limiter les risques de loyers impayés (j'ai eu en tout six mois de « retard » en quatre années pour 22 biens loués). Pour éviter la vacance locative, je rafraîchis systématiquement les biens que j'achète ou que je reloue.

Par contre, pour la 3e catégorie de risque, celui de dommage sur un bien, il est plus difficile d'avoir le contrôle. Et surtout, les montants peuvent grimper rapidement. L'an dernier, un dégât des eaux dans un de mes appartements (900 € de loyer au total) a occasionné des réparations à hauteur de 5 500 € chez un propriétaire à l'étage inférieur. Soit presque cinq mois de loyer. Heureusement, mon assurance PNO et l'assurance Multirisque Habitation des locataires ont couvert les frais. Comparée au prix de souscription, une assurance PNO est pour moi indispensable.

Pour aller plus loin :

- Comment fonctionne une assurance GLI – www.InvestImmo-Club.com/Principe19

2

DOMPTEZ LES CONCEPTS BANCAIRES ET FISCAUX COMME UN PRO

#20 – Essayez de faire financer votre acquisition à 110 %

Financer à 110 %, est-ce possible? En fait, cela signifie que non seulement vous obtenez un financement pour le bien lui-même, mais également pour les fameux frais de notaire (qui tournent actuellement en moyenne à 8 %) et les frais annexes (frais bancaires, frais de garantie/cautionnement).

En clair, avec un prêt à 110 %, vous ne mettez strictement rien de votre poche. Ce qui signifie deux choses. Premièrement, vous utilisez au maximum l'effet de levier et cela permet d'obtenir une excellente rentabilité sur fonds propre. Deuxièmement, cela vous permet de multiplier les opérations car vous gardez votre trésorerie. Un indicateur très pertinent aux yeux des banquiers.

Bien sûr, obtenir un financement à 110 % est plus facile si vous avez un excellent profil, selon les critères de la banque: une épargne consistante, une situation professionnelle et personnelle stable, un projet d'investissement en béton. Et donc, malheureusement, ce ne sera pas toujours facile.

Mais si un banquier vient à vous dire que ce type de financement n'existe plus, dites-lui que c'est faux. Quotidiennement, j'entends des retours d'investisseurs qui obtiennent de tels financements. Dans ce cas-là, essayez de trouver un autre conseiller. Sachez également qu'il existe des arguments pour convaincre un banquier de vous octroyer un prêt à 110 %. Par exemple, placer un montant équivalent aux frais de notaire sur une assurance-vie. Ou encore faire payer les frais de notaire par le vendeur en réalisant une acquisition « acte en main ».

#21 – Réduisez au strict minimum votre apport personnel

[Témoignage d'un Immo-Preneur en Bretagne]

Au départ, je pensais que le financement bancaire était une mauvaise chose. Qu'avoir des dettes auprès d'un établissement de crédit me rendrait pieds et poings liés pendant de nombreuses années. C'était en tout cas la pensée commune qui circulait au sein de ma famille lorsque j'ai fait mon premier investissement. J'avais environ 30 000 € d'épargne et mon but était de commencer à créer un patrimoine et de le faire grandir plus ou moins rapidement.

En furetant sur Internet, j'ai compris qu'il était possible d'enchaîner les opérations. Surtout dans une situation de salarié en CDI avec un bon revenu. En discutant avec trois banquiers différents, j'ai découvert que le fait d'avoir de l'épargne était un point très bien vu. Et qu'aujourd'hui, l'apport demandé par les banques était de plus en plus faible. Dans ma réflexion, j'ai donc pensé que si je voulais enchaîner les opérations, il serait bien d'avoir à chaque fois de la trésorerie à montrer au banquier.

Pour le premier investissement (45 000 €), j'ai donc eu la chance d'obtenir un crédit sans mettre aucun apport (prêt à 110 %). Bien sûr, la condition est que le bien s'autofinance réellement. C'est-à-dire que le loyer couvre le total de la mensualité, des charges et des impôts, chaque mois.

J'ai donc gardé mes 30 000 € et d'après mon banquier, j'allais pouvoir refaire deux opérations similaires au cours de cette année. Je sais que ce n'est pas facile, selon les profils, d'obtenir ce genre de prêt à 110 %. Par contre, n'apporter que les frais de notaire se fait souvent.

En parallèle, il est intéressant de placer l'épargne. Pour moi, le meilleur compromis trouvé est de placer sur une assurance-vie. Je l'ai souscrite dans la banque qui m'a prêté les fonds. Du coup, je lui fais plaisir en plaçant mon argent chez elle (les banques gagnent plus d'argent sur un placement d'assurance-vie que sur un prêt immobilier...). Le moment où la banque arrêtera de me suivre, je pourrai toujours déplacer mon épargne chez un concurrent.

#22 – Ne soyez pas trop fidèle à votre banque

[Témoignage d'un Immo-Preneur en Alsace]

Beaucoup de gens vous diront qu'une des clés pour réussir à enchaîner les investissements est de trouver un bon conseiller bancaire. Et que la relation tissée avec cette personne devrait permettre d'obtenir des financements. Cela tombe bien car j'avais moi-même un très bon feeling avec mon banquier, qui me suivait notamment sur mon activité professionnelle.

Grâce à lui, j'ai réussi à faire mes deux premières opérations immobilières. Deux maisons dans la banlieue d'une grande ville alsacienne, transformées pour de la colocation entre étudiants et jeunes professionnels (environ 150 000 € de budget pour chaque maison).

Bien lancé, je retourne donc voir mon banquier pour un troisième projet immobilier du même genre. Malheureusement, à ma grande surprise, mon conseiller me dit que, pour une troisième opération, il faudra « attendre un peu ». Qu'à ce stade, il n'était plus décisionnaire et que, malheureusement, il devait obtenir l'aval de sa hiérarchie avant de continuer avec moi. Et d'ajouter que si cela ne tenait qu'à lui, il me suivrait. Mais là, il n'avait plus la main à 100 %.

Ce jour-là, j'ai compris deux choses. Premièrement que le conseiller que j'avais en face de moi n'était qu'un employé. Il pouvait pousser des dossiers dans une certaine mesure, mais à partir d'un certain montant d'en-cours, la décision ne lui revenait plus. Peut-être que si j'avais eu un directeur d'agence ou de réseau, cela se serait passé autrement ! La deuxième chose est qu'il ne faut pas tout miser sur une seule banque. En effet, la mise en concurrence est bonne. La banque est un partenaire mais surtout un fournisseur de votre entreprise immobilière. Elle fournit le financement. Et dans le monde de l'entreprise, il faut veiller à doublonner ses fournisseurs au cas où l'un ferait défaut. C'est la même chose pour les banques.

Même si vous avez une bonne relation avec votre banquier, prenez rendez-vous dans une autre banque pour voir ce qu'elle dit. Peut-être que ce nouveau conseiller vous recontactera par la suite pour vous inciter à investir avec sa banque… Cela m'est déjà arrivé une fois !

#23 – Pensez à votre succession

[Témoignage d'un Immo-Preneur à Bourges]

J'ai aujourd'hui 58 ans et cela fait 30 ans que j'investis dans l'immobilier. Ma stratégie depuis le début consiste à accumuler des biens générant des cash-flows positifs et de les garder le plus longtemps possible. Lorsque mes enfants ont grandi, cela m'a permis de payer leur scolarité.

Par exemple, j'ai réussi, grâce à la trésorerie excédentaire générée par cinq studios (700 € en tout chaque mois), à financer le cursus de ma fille en Chine pendant une année scolaire (logement + frais d'université).

Mes enfants ont toujours eu connaissance de l'existence de ces biens immobiliers mais ne s'y sont jamais trop intéressés. Puis, il y a deux ans, suite à la séparation avec son conjoint, ma fille a eu le déclic. Elle nous a dit vouloir gagner son indépendance (sentimentale et financière) et utiliser l'investissement dans l'immobilier en suivant mon modèle. Bien qu'ayant une bonne situation professionnelle, son statut de mère célibataire rendait son dossier difficile auprès de la banque. Elle m'a alors demandé de l'aide financière. Bien sûr, dans l'absolu j'avais les moyens. Avec 15 appartements dans notre patrimoine, il suffisait d'en vendre un pour lui donner un apport. Cependant, fiscalement, cela ne fut pas du tout optimal.

Pour tout vous dire, je n'avais jamais vraiment pensé au moyen de transmettre tout ce patrimoine à mes enfants. Si c'était à refaire, voici ce que je ferais : dès que mes enfants naissent, je les inclus en tant qu'actionnaires silencieux, dans chaque SCI que je monte. Ainsi, ils sont associés directement au patrimoine généré.

En tout cas, à partir du moment où vous avez des enfants, pensez bien à les inclure dans votre stratégie immobilière. Car devoir faire des montages *a posteriori* peut vous coûter très cher...

#24 – Apprenez le vocabulaire immobilier

[Témoignage d'un Immo-Preneur à Montpellier]

Je me rappelle toujours les premières discussions que j'ai eues avec des professionnels de l'immobilier lorsque j'ai commencé à m'intéresser à l'investissement locatif. Je m'étais rendu au salon de l'immobilier de Montpellier, à la recherche d'informations et pourquoi pas, de bons investissements sur la région. Durant cette journée, j'ai eu l'occasion de rencontrer une dizaine de vendeurs de programmes immobiliers neufs. Vous savez, ces programmes dont l'argument central est la promesse de réduction d'impôt significative. En échange d'un « effort d'épargne » raisonnable.

On me parlait également rendements, taux d'intérêt, assurance PNO, LMNP. Je vous laisse imaginer ma réaction face à ces termes barbares lors des premières discussions. Puis rapidement, au fur et à mesure de la journée, je commençais à me sentir plus à l'aise. Cependant, avant de prendre ma décision, je m'étais promis une chose : comprendre le vocabulaire de l'immobilier et la signification derrière chacun de ces mots.

En l'espace d'un mois de recherche active sur Internet et de participation sur des forums, j'ai bien progressé. En plus d'avoir appris que l'immobilier neuf de défiscalisation n'était pas la meilleure chose à faire, j'ai commencé à faire des visites de biens dans l'ancien.

C'était jouissif de pouvoir réagir aux questions posées par les agents immobiliers et parfois même de remettre en question les arguments qu'ils avançaient. Par la suite, j'ai dû étoffer mon vocabulaire dans le domaine financier. Avant de me rendre au premier rendez-vous avec le banquier pour discuter de mon projet d'investissement, j'avais construit un petit « plan d'affaires ». J'avais préparé des tableaux faisant apparaître les calculs de rentabilité brute, de rentabilité nette, les taux d'endettement pré et post-investissement, le taux de vacance locative moyen, les estimations de charges fiscales en fonction de nos revenus. Puis je lui parlai de mon souhait d'obtenir un différé de remboursement ainsi que l'utilisation de deux prêts gigognes pour optimiser la rentabilité.

Rien qu'avec des mots, je pense vraiment que l'on peut instaurer un climat de confiance en montrant sa maîtrise du domaine à l'interlocuteur. Le jeu en vaut vraiment la chandelle.

#25 – Vous n'avez pas besoin d'être riche pour investir dans l'immobilier

[Témoignage d'un Immo-Preneur dans le Pas-de-Calais]

Je ne voudrais pas faire un témoignage à l'eau de rose mais je crois beaucoup en cette phrase, car pour moi c'est réellement le cas.

Lorsque j'ai fait mon premier investissement, j'avais un salaire de 1 200 €/mois, en tant que jeune infirmier. Et je n'avais pas de résidence principale. Par contre, j'avais du temps car je travaillais soit le matin soit le soir. Cela m'a permis d'être très actif dans la recherche de biens. Et dans ma région, j'ai pu trouver des pépites à près de 20 % de rentabilité.

Pour tout vous dire, avant de faire mon premier investissement, j'étais allé voir mon banquier pour lui parler de mon projet. C'était quelqu'un de très bien et, naturellement, il m'a conseillé, dans un premier temps, d'essayer de trouver une résidence principale. Je lui ai dit que ce n'était pas mon objectif pour le moment (pas de copine et pas d'enfant) et j'ai continué à lui expliquer que je cherchais des biens à fort rendement. Il appréciait ma motivation mais malheureusement les règles de la banque ne fonctionnaient pas comme cela.

J'ai compris qu'il fallait que je fasse mes preuves et j'ai donc commencé par une petite maison de ville à 51 k€ (frais de notaire inclus). Je l'ai rafraîchie et ré-agencée (budget travaux de 12 k€) de manière à accueillir trois colocataires. Avec 250 € de loyer par personne, le bien était très rentable. En présentant cela à mon banquier, les doutes partagés un peu plus tôt ont laissé place à une envie de m'aider à pousser le dossier. Mon cas n'était pas le plus courant mais un élément m'a grandement aidé. Le fait d'être infirmier. Donc à 1 200 €/mois on ne peut pas dire que je suis riche mais j'ai d'autres atouts qui m'ont permis de faire ce premier deal.

Depuis j'ai continué à chercher (et à trouver) des pépites, et le banquier m'a suivi sur deux autres opérations. Ensuite, c'est surtout l'historique des acquisitions antérieures qui aide à obtenir de nouveaux financements.

Voilà, si vous n'avez pas un gros salaire, vous avez sûrement d'autres atouts à mettre en avant (du temps pour rechercher des biens très activement, un métier dans le bâtiment pour retaper des biens à moindre coût, un CDI,...).

#26 – Demandez un différé de remboursement

[Témoignage d'un couple d'Immo-Preneur à Dijon]

Pour le moment, nous avons réalisé deux investissements avec ma femme. Le premier dans un appartement T2 en centre-ville de Dijon, acheté prêt-à-louer. Le deuxième investissement, c'est un T4 qui nous est tombé dessus par pur hasard, toujours au centre de Dijon, mais cette fois avec pas mal de travaux. Une enveloppe d'environ 30 000 euros. Pour cet achat, notre conseillère bancaire nous a suivis en nous proposant un différé de remboursement afin de passer la période de travaux avec sérénité.

Le principe est simple, pendant une durée déterminée, nous ne payons que les intérêts sur le prêt. Cette proposition était très pertinente car une période de travaux signifie une absence de locataire et donc une absence de loyer pour rembourser l'emprunt. Bien sûr, cela a un coût. Puisque l'argent est débloqué par la banque et que nous ne remboursons pas encore, les intérêts payés pendant cette période sont appelés intérêts intercalaires. Ils s'ajoutent à la somme des intérêts payés dans un cas normal (c'est-à-dire sans différé de remboursement).

Dans notre cas, les travaux ont duré un mois et demi mais nous avons décidé de différer le remboursement au maximum, c'est-à-dire pour une période d'un an. Du coup, pendant 10 mois, nous avons pu avoir un cash-flow positif très élevé. Une épargne qui a servi à alimenter un matelas de trésorerie en cas de pépins futurs.

Depuis, nous avons appris que cette technique de remboursement différé, pouvait être négociée avec les banques même sans travaux. D'ailleurs, c'est ce que notre fille a obtenu pour son prêt étudiant l'an dernier. Et pour notre futur investissement, nous comptons utiliser cela. Car avoir de la trésorerie est vraiment une chose importante pour nous.

Alors c'est vrai que le coût total du crédit sera un peu plus élevé au final. Mais cela me gêne moins que de devoir mettre une grosse somme d'argent de ma poche par manque de trésorerie. Et surtout, avoir de la trésorerie est bien vu par les banques pour pouvoir enchaîner les opérations.

#27 – Trouvez des sources de financement créatives

[Témoignage d'un Immo-Preneur à Nantes]

Quelques années après avoir commencé à investir, j'étais à la tête d'un patrimoine de 6 appartements dans les quartiers périphériques de Nantes. À ce moment, les loyers que je percevais étaient équivalents à mon salaire (2 400 €/mois).

Bien sûr, j'avais toujours fait en sorte de générer des cash-flows positifs lors de chaque opération, donc pour investir dans mon septième bien, j'étais confiant au moment d'aller voir mon banquier qui avait financé mes six premiers appartements. Malheureusement, ce jour-là, il m'a annoncé qu'il allait être difficile d'aller plus loin. Car l'encours dans son établissement était trop important. Il fallait que j'attende un peu. Je suis donc allé voir d'autres banquiers. En deux ans, deux nouveaux établissements m'ont suivi pour acheter trois appartements supplémentaires.

C'est alors que j'ai souhaité me lancer dans les immeubles de rapport. Mais là, la situation s'est légèrement compliquée. Sur dix banques sollicitées, aucune ne voulait me financer. J'ai donc décidé de créer un partenariat avec un ami de longue date, très intéressé par ce que je faisais. Il avait une bonne situation financière mais n'osait pas se lancer.

De façon tout à fait magique, une des banques qui ne voulait pas me financer tout seul a accepté de financer notre duo. Pour l'instant, nous avons acquis deux immeubles ensemble. Tout ça pour dire qu'il est important de penser un peu au-delà du schéma habituel.

Par exemple, j'ai rencontré des jeunes gens qui avaient payé un premier bien grâce à un prêt étudiant. Il est même possible parfois de garantir un prêt avec l'aide de ses parents. Enfin, pour les plus grosses opérations (marchands de biens, par exemple) il existe des voies de financement vraiment originales, comme le *crowdfunding*!

#28 – Trouvez d'abord une affaire, cherchez un financement ensuite

Une des choses qui peut paraître peu intuitive pour un investisseur débutant est bien celle-ci : « L'étape la plus dure ce n'est pas de trouver un financement mais de trouver un bon deal ». Ou plutôt, je vais le reformuler comme cela : « Une fois que vous avez trouvé une super affaire, il est toujours possible (même si parfois c'est un peu long) de trouver un financement ».

Effectivement, en début de parcours, il est recommandé d'aller voir votre banque pour évaluer votre capacité d'emprunt. Histoire de délimiter un peu les contours de vos recherches. Cela n'a pas besoin d'être ultra-précis. Des ordres de grandeur suffisent : 100 000 €, 150 000 €, 200 000 €, etc. Mais ensuite, attelez-vous à la recherche active et mettez-y toute votre énergie.

De façon fréquente, des débutants me demandent comment il faut faire pour dépasser le ratio d'endettement (les fameux 33 %) alors qu'ils n'ont même pas encore fait un premier investissement. C'est bien de vouloir se projeter de la sorte mais il ne faut pas que cela vous bloque. La vraie valeur d'un investissement immobilier se trouve dans le bien en lui-même. Le financement n'est qu'un outil.

Une personne me disait un jour qu'elle avait trouvé une affaire à 20 % de rentabilité, et que pour la financer, elle avait fait un crédit à la consommation. Alors oui, un crédit à la consommation ça peut faire peur. Mais si les calculs tombent justes et permettent d'avoir un cash-flow positif, il n'y a pas de raison d'hésiter.

#29 – Faites appel à un comptable pour ne pas commettre d'erreurs

[Témoignage d'un Immo-Preneur à Niort]

Cela ne fait que cinq ans que je me suis lancé dans l'immobilier locatif mais j'ai déjà acheté quatre appartements.

Les deux premiers appartements ont été achetés en direct et sont loués nus. C'est sans doute la stratégie d'acquisition la plus répandue, et en termes de déclaration fiscale c'est très simple. Il me suffit de remplir le montant des recettes (les loyers) et le montant des différentes charges sur le fameux formulaire « revenus fonciers » (formulaire 2044 pour les plus curieux) lors de ma déclaration annuelle des revenus. Tout est très bien détaillé dans la notice explicative de ce formulaire, ce qui rend son remplissage abordable.

Pour les deux derniers investissements, j'ai changé de stratégie. En effet, j'ai choisi d'investir dans des T2 loués en meublé. Dans la ville où je suis (Niort), ma stratégie est de viser des cadres en mutation travaillant dans le domaine de l'assurance (il y a une proportion exceptionnelle de sièges d'assureur à Niort). Cela m'a permis de choisir un autre régime fiscal, légèrement plus avantageux : le régime du Loueur meublé non professionnel (LMNP).

L'atout principal de ce régime est que l'éventail des charges déductibles est plus large (on déduit notamment l'amortissement du bien) ce qui réduit le « bénéfice » final imposable. À titre d'exemple, sur un des derniers appartements achetés (sans travaux, au prix de 65 000 € pour 550 € de loyer) je paie 0,00 € d'impôt pendant trois ans puis environ 1 000 €/an ensuite, grâce au régime LMNP. La simulation en location nue au réel (choix standard lors de mes deux premières acquisitions) m'aurait fait payer 1 000 € la première année puis environ 2 000 €/an dès la deuxième année.

À variable constante, ce régime fiscal LMNP apparaît souvent intéressant pour l'investisseur mais il comporte quelques contraintes. La plus importante est que l'on doit tenir une « vraie » comptabilité, similaire à celle d'un commerçant. Il y a donc deux solutions. Soit vous connaissez vraiment bien la comptabilité applicable au statut LMNP (qui est en perpétuelle évolution), soit vous confiez cette tâche à un cabinet spécialisé.

Pour moi, le choix fut rapide. N'y connaissant rien en comptabilité (et surtout préférant consacrer mon temps à d'autres activités que je maîtrise mieux), j'ai choisi un comptable sur Internet. Le service est simple et totalement tourné vers les investisseurs particuliers comme moi. C'est vrai que cela a un coût mais au final, ce n'est pas si élevé. Car une partie de cette dépense de comptabilité est déductible fiscalement.

Au final, je suis donc largement gagnant, avec un ratio « coût/tranquillité d'esprit » positif qui en vaut la chandelle.

Pour aller plus loin :

- Service de comptabilité en ligne : www.InvestImmoClub.com/Principe29

#30 – Soyez heureux de payer des impôts

À chaque repas, en famille les gens me demandent si je profite de l'immobilier pour payer moins d'impôts. Je crois que c'est un sport national dans notre pays. Peut-être parce que les impôts sont trop élevés. Ou peut-être est-ce par habitude. En tout cas, depuis que j'ai habité et travaillé dans d'autres pays, ma vision a complètement changé.

Quand on voit tous les avantages sociaux existants en France, il est normal de payer autant d'impôts. Bénéficier d'une couverture médicale aussi large est une véritable spécificité, enviée par de nombreux citoyens d'autres pays.

Par exemple, lorsque nous habitions Canada, ma conjointe a dû faire un scanner pour un léger problème dans le thorax. Je vous promets que la facture à régler au centre de radiologie est dissuasive. Autre exemple, l'assurance chômage. Dans quel pays peut-on bénéficier de 70 % de son salaire comme aide au retour à l'emploi, pendant deux ans ? J'ai eu la chance de travailler pendant un an en Espagne et je vous assure que lorsque je racontais cela à mes collègues, ils étaient stupéfaits.

Je ne dis pas que notre modèle social est parfait mais en tant que citoyen, il est très confortable. Les gens ne le réalisent pas assez. Dans de nombreux pays, les gens doivent eux-mêmes capitaliser et investir pour payer leurs retraites futures. Parfois, les gens s'endettent pour se payer des soins coûteux. Alors oui, dans ces pays, les gens paient (en général) moins d'impôts. Mais en contrepartie, ils doivent placer cet argent (ou payer des assurances privées exorbitantes) pour se protéger des aléas de la vie.

Pour en revenir à cette fameuse question « est-ce que j'utilise l'immobilier pour payer moins d'impôts ? » ma réponse est claire : NON. Puisque je gagne de l'argent avec mes investissements locatifs, il est normal que je paye des impôts dessus. Par contre, je fais en sorte de toujours obtenir un bénéfice une fois l'impôt payé.

Pour cela, il est nécessaire d'optimiser un peu sa stratégie et d'utiliser les avantages fiscaux disponibles. Du coup, c'est vrai que je paie un peu plus d'impôts mais au final, je m'enrichis tout de même. Payer moins d'impôts n'est pas ma priorité. Mon vrai but est de m'enrichir, pour moi et ma famille.

Chaque fois que quelqu'un me parle des programmes immobiliers neufs, spécialement dédiés à la défiscalisation (les programmes Duflot ou Pinel pour ne citer que les plus récents), cela me fait bien sourire. Car les gens qui investissent dans ces produits sont obnubilés par la seule promesse de réduction d'impôts, sans penser aux chiffres de rentabilité ou de performance économique fondamentale.

J'ai rencontré plus d'une fois des gens ayant fait ce type d'investissement qui, au final, se retrouvent appauvris (car ils ont dû faire un effort d'épargne chaque mois puis ont finalement été obligés de revendre moins cher que le prix d'achat, par exemple). Ne faites pas comme eux et essayez plutôt de vous focaliser sur une stratégie d'enrichissement réel. Si vous réussissez cela, alors il est normal que vous deviez payer des impôts sur cet argent créé, à un moment ou un autre.

#31 – Comparez la fiscalité locale

[Témoignage d'un Immo-Preneur près de Paris]

Savez-vous en quoi consiste la taxe foncière ? Le mieux est de voir en vrai un exemplaire papier de cet impôt envoyé chaque année aux propriétaires immobiliers. À partir du moment où vous achetez un bien, que ce soit une résidence principale, une résidence secondaire ou un bien locatif, vous êtes redevable de cette taxe. Elle fait partie des taxes locales, c'est-à-dire qu'une grande part de ce montant sera reversée aux institutions locales, notamment la municipalité et le département dans lesquels se situe le bien.

C'est assez simple à comprendre en fait. Cet impôt est levé et redistribué pour financer une partie des dépenses des villes et départements (dépenses de fonctionnement, d'aides sociales, d'investissement ou de développement). Une partie de la taxe foncière est même clairement dédiée au financement du service des ordures ménagères. Lorsque vous regardez un avis de taxe foncière, cela correspond à la colonne TEOM (Taxe d'enlèvement des ordures ménagères).

Cependant, comme vous vous en doutez, les budgets des collectivités locales ne sont pas similaires. Certaines collectivités sont plutôt bien gérées, d'autres sont plutôt dépensières. Certaines sont plutôt tournées vers le social, d'autres vers l'attractivité de nouveaux habitants.

Au final, pour deux biens qui pourraient sembler similaires en termes de valeur cadastrale (même surface, même valeur locative), situés dans deux villes différentes, la taxe foncière peut être fondamentalement différente.

J'en ai fait l'expérience lors de ma recherche de mon premier investissement. J'avais une zone cible précise en région parisienne, à la frontière entre les départements 94 et 93. Connecté par le RER pour rejoindre Paris rapidement, j'avais identifié deux petits appartements dans deux villes adjacentes, nécessitant un rafraîchissement mais procurant un bon rendement brut (autour de 9 %). Ayant visité les deux biens à trois jours d'intervalle, je ne savais pas trop lequel choisir. Puis, lorsque j'ai reçu les informations concernant les taxes foncières, le choix a été vite fait. Une des villes présentait une taxe foncière 50 % plus chère que l'autre. Cela ne représentait que 500 € de différence par an mais en définitive, seul le projet avec la taxe moins chère permettait d'avoir un cash-flow positif.

Je suis conscient que cette situation, avec des différences d'impôts fonciers aussi grandes entre deux villes limitrophes, doit être rare mais dans tous les cas, n'oubliez pas de vérifier cette taxe foncière pour bien effectuer vos simulations.

#32 – Établissez un plan fiscal

[Témoignage d'un Immo-Preneur dans les Landes]

Comme une grande partie des Français, à chaque fois que je reçois mon avis d'imposition, je me dis que je paie beaucoup trop d'impôts. Presque deux mois de salaire chaque année depuis que j'ai commencé à travailler. Une somme d'argent que je préférerais utiliser d'une autre manière. Puis, un jour, j'ai reçu un coup de fil d'une entreprise immobilière promettant de pouvoir m'aider si je payais plus de 3 000 € d'impôts par an. Après avoir répondu par l'affirmative, le commercial a commencé à me parler des niches fiscales proposées par le gouvernement et que, grâce aux projets immobiliers de sa compagnie, je pouvais en profiter pleinement afin de réduire ma facture fiscale.

Sans entrer dans les détails, je n'ai finalement pas fait cet investissement. Mais cela m'a ouvert l'esprit sur l'immobilier et l'investissement locatif en particulier. Et aujourd'hui, j'ai trois petits immeubles de rapport, achetés et rénovés dans la région du Sud-Ouest. Au fur et à mesure de mes investissements, j'ai porté une attention particulière sur l'impact fiscal.

Lors de mon premier investissement, par exemple, j'ai fait des simulations poussées pour savoir s'il était plus pertinent d'acheter en direct (et de profiter du déficit foncier) ou de créer des SCI à l'Impôt sur les Sociétés pour chaque bien acheté, en prenant les considérations d'impôts chaque année mais également les taxations sur les plus-values potentielles à la revente. Le point majeur à comprendre est que, pour un projet rentable, nous sommes condamnés à payer des impôts à un moment ou un autre. Par exemple, la décision d'investir en SCI à l'Impôt sur les Sociétés me semblait une option parfaite car chaque année l'impôt n'est que de 15 % (en dessous de 38 120 € de bénéfices). Mais en contrepartie, je devais laisser les bénéfices dans la société (car les dividendes versés sont taxés en plus, selon ma Tranche marginale d'imposition, TMI, de 30 %) et j'ai également bien calculé la taxe sur la plus-value à la revente qui est plus importante que pour un achat en direct. En fait, la seule vraie manière de baisser ses impôts, c'est de se verser le moins d'argent possible. Et c'est paradoxalement possible en créant de la richesse via un patrimoine immobilier.

Il faut essayer d'imaginer votre plan de vie afin d'adapter un plan fiscal, avec un horizon de projection de 5-6 ans. Les événements tels que le fait d'avoir des enfants, d'avoir des perspectives d'augmentation de salaire, de partir à l'étranger, ou de prendre votre retraite, doivent être pris en compte dans votre plan fiscal. Car tous ces facteurs influencent fortement votre profil fiscal. Et donc la manière dont vos projets immobiliers seront imposés.

Dans mon cas personnel, j'ai aujourd'hui une bonne situation professionnelle avec un TMI élevé, et donc, je n'ai pas besoin de me verser les excédents générés par mes investissements (cash-flow positif). J'ai choisi d'investir via une SCI à l'IS afin de réinvestir les bénéfices dans d'autres projets. Et lorsque j'aurai un parc de six ou sept immeubles, je diminuerai mon activité salariale (avec un TMI qui sera donc plus faible) et je me verserai des dividendes. Pas avant ! Ce plan est valable dans mon cas spécifique et semble être le moins pénalisant parmi les nombreuses simulations effectuées.

Préparez votre propre plan et dites-vous qu'aucune solution n'est parfaite.

#33 – Attention à bien défiscaliser les bons travaux

[Témoignage d'un Immo-Preneur en Vendée]

L'un des avantages certains de l'immobilier c'est l'aspect fiscal. Comparé à d'autres investissements ou supports de placement, il existe de nombreuses incitations fiscales pour pousser les particuliers à investir dans la pierre. Puisque dans notre beau pays, les gens sont plutôt habitués à épargner gentiment qu'à investir, l'État est obligé de créer ces « niches fiscales » pour booster notre motivation à injecter une partie de notre épargne dans l'économie réelle.

En tant que peuple « latin », nous avons une certaine réticence à placer notre argent dans des investissements qui semblent risqués ou difficiles. Notamment comparé aux peuples anglo-saxons. D'ailleurs, pour être tout à fait honnête, je trouve que nous avons une drôle de relation avec l'argent. Enfin, bref, une des incitations les plus intéressantes pour les investisseurs locatifs c'est la déduction fiscale des travaux.

Simplement : les frais et montants investis dans des travaux de rénovation ou d'amélioration d'un bien locatif sont déduits des revenus locatifs.

Lors de mon premier investissement (un studio pour mon fils) j'avais décidé d'acheter un bien clé en main pour me faciliter la tâche. Mais pour le deuxième bien, j'avais un autre plan. Acheter une petite maison délabrée (environ 31 000 euros) afin de la rénover et surtout d'aménager les combles. Le budget total des travaux était de 25 000 €, avec 16 000 € pour le rez-de-chaussée et 10 000 € pour les combles. Avec un tel budget de travaux comparé au prix d'achat, les simulations effectuées faisaient apparaître une défiscalisation totale pendant au moins cinq ans. Et même une réduction de mon impôt sur le revenu général la première année (ce que l'on appelle le « déficit foncier »). L'achat se concrétise et les travaux se déroulent sur environ deux mois. Dans la foulée, je trouve des locataires (400 € de loyer). Tout se passe selon le plan.

Puis l'année suivante, vient la période de déclaration des impôts. J'indique donc ce nouvel investissement ainsi que les loyers perçus correspondants. Surtout, je remplis la case des travaux, comme prévu, me permettant de créer ce déficit foncier. Par souci du détail, je m'assure d'avoir bien tout complété correctement en lisant la notice de remplissage et là, stupeur. Il est écrit que les travaux correspondant à des « agrandissements » ne sont pas défiscalisables. En plein doute, je vérifie donc sur Internet pour avoir plus de précisions. Malheureusement, mon doute est confirmé : les travaux de type aménagement de combles sont considérés comme des agrandissements. Et donc non éligibles. Par rapport à la simulation initiale, je peux vous dire que j'ai légèrement déchanté. Bon c'est sûr, cela n'a pas causé ma faillite mais je me suis dit que si le projet avait été plus gros, avec davantage de travaux, cela aurait pu être beaucoup plus problématique.

Alors mon conseil, avant de faire des travaux pour bénéficier du déficit foncier, vérifiez bien leur nature. Séparez bien les travaux « éligibles » et ceux qui ne le sont pas !

Pour aller plus loin :

- Liste des travaux déductibles pour créer du déficit foncier : www. InvestImmoClub.com/Principe33

#34 – Utilisez l'avantage fiscal sur la plus-value des résidences principales

[Témoignage d'un Immo-Preneur à Paris]

Lorsque je me suis intéressé pour la première fois à l'investissement immobilier, j'ai logiquement été attiré par le concept du locatif (acheter un bien afin de le louer) en utilisant l'emprunt bancaire comme levier. Dans cette stratégie, il faut faire en sorte que le loyer versé par le locataire soit supérieur à l'échéance mensuelle additionnée des différentes charges et impôts. C'est ainsi, et seulement ainsi, que l'on peut parler d'autofinancement et de cash-flow positif.

Malheureusement, habitant Paris, je me suis vite rendu compte qu'il était très difficile de profiter convenablement de cette stratégie locative dans cette ville. Car le ratio entre prix à l'achat et prix à la location est trop défavorable. En effet, comment espérer obtenir une rentabilité brute de 10 % à Paris (10 % correspondent au niveau de rentabilité moyenne à viser pour espérer obtenir un cash-flow positif) ? Il y a deux façons :

- soit en trouvant un bien exceptionnellement décoté, ce qui très très difficile pour un novice,
- soit en augmentant significativement le prix de location au m^2, par exemple, en faisant de la location saisonnière. Mais ce n'est pas mon objectif.

C'est en discutant avec un ami qui investissait un peu sur Paris que j'ai eu la révélation. En fait, il existe une autre voie pour créer de la richesse via l'immobilier, différente de l'investissement locatif. Il s'agit de l'achat-revente. De prime abord, je pensais qu'il fallait un statut spécial, type marchand de biens, pour faire ce genre d'opération. Mais, grâce à ce témoignage, j'ai compris que c'était possible à réaliser en tant que particulier. Et que cela est d'autant plus pertinent dans une grosse ville comme Paris où les prix sont élevés. Le principe est d'acheter un bien délabré, en tant que résidence principale, à un prix bradé. Puis de créer de la valeur en faisant une rénovation coup de cœur.

En 2002, grâce à nos deux salaires (ma conjointe et moi) la banque nous a autorisés un budget d'environ 500 000 euros pour l'acquisition de notre résidence principale. Avec cela nous avons acheté un ancien atelier de 80 m^2 au prix de 310 000 € que nous avons totalement rénové (budget de 90 000 euros). Cela a pris quatre mois au total: deux mois pendant lesquels nous continuions à louer notre ancien appartement et deux mois pendant lesquels nous avons vécu dans l'appartement encore en chantier. C'était un peu éprouvant mais le jeu en valait la chandelle. Car tout de suite après les travaux, nous avons fait estimer l'appartement par plusieurs agences: entre 550 et 560 000 €.

Nous l'avons finalement revendu deux ans plus tard au prix de 580 000 € net vendeur, profitant au passage du boom des prix à Paris. Soit un peu plus de 160 000 € de plus-value par rapport au prix d'acquisition total. Le top, c'est qu'en tant que résidence principale de particulier, l'imposition sur cette plus-value est très avantageuse. Même en s'acquittant d'une petite taxe (taxe sur les plus-values élevées) nous avons finalement gagné 140 000 € en l'espace de deux ans.

Nous avons utilisé cet argent pour refaire ensuite une opération légèrement plus grande mais moins rentable, dans laquelle nous avons généré 120 000 € net.

Au final, ces deux opérations nous ont permis de générer environ 250 000 € en l'espace de cinq ans. Une belle performance qui malheureusement n'est pas reproductible à l'infini. En effet, l'administration fiscale considère que cela devient une activité commerciale si c'est répété trop souvent. Rassurez-vous, réaliser deux opérations réparties sur cinq ans est acceptable, et lorsque c'est bien fait, cela est très puissant. Depuis nous avons réinjecté une partie de cet argent dans de la pierre-papier (des parts de SCPI) qui nous rapporte en moyenne 4 à 5 % net par an, soit mieux que les rendements locatifs moyens à Paris. Et le tout sans aucune gestion. En ayant réinvesti systématiquement les bénéfices de ces parts de SCPI depuis 10 ans, cela nous génère aujourd'hui environ 15 000 € annuellement (soit environ un SMIC supplémentaire par mois) de manière totalement passive !

3

MAÎTRISEZ LES TRAVAUX POUR FAIRE D'EXCELLENTES AFFAIRES

#35 – Effectuez vos rénovations au plus juste

[Témoignage d'un couple d'Immo-Preneur près de Bordeaux]

Lorsque nous avons réalisé notre premier investissement il y a 3 ans, j'ai poussé mon conjoint pour l'aider à faire les travaux. Faire des travaux est une belle expérience et j'ai surtout apprécié la deuxième étape de la rénovation, c'est-à-dire la décoration et l'ameublement. En y repensant, j'ai toujours aimé feuilleter les pages « intérieurs & maisons » dans les magazines féminins. Ou encore regarder les émissions de déco à la télé.

Pour ce premier projet, nous avons donc réalisé un appartement avec beaucoup de goût et de bons matériaux. Cela nous a pris du temps mais nous étions vraiment ravis du résultat. Malheureusement, lorsque nous avons publié l'annonce du bien au prix que nous imaginions pour cette prestation, nous avons eu du mal à trouver preneur. Les quelques visiteurs que nous avons eus aimaient beaucoup l'appartement, mais au final, trouvaient cela un peu trop cher pour leur budget. Rapidement, nous avons donc dû baisser le loyer de 10 % pour être un peu plus alignés sur la concurrence. Avec ce nouveau prix, nous avons trouvé preneur.

Morale de l'histoire, dans une rénovation, il existe des éléments qui coûtent cher mais n'apportent pas forcément une valeur perçue supplémentaire aux yeux des locataires (les radiateurs haut de gamme, un carrelage en céramique italien). L'idéal est de réussir à créer le coup de cœur tout en maîtrisant les coûts. Sinon vous risquez d'avoir un bien certes joli, mais avec un rendement bof-bof…

#36 – Publiez une annonce de votre logement avant la fin des travaux

[Témoignage d'un Immo-Preneur près de Metz]

Après quelques années à observer le marché, j'ai décidé de me lancer dans l'immobilier l'an dernier. J'ai jeté mon dévolu sur un appartement T2 nécessitant pas mal de travaux. Je souhaitais une rénovation vraiment au goût du jour et qui provoque le coup de cœur chez les locataires. J'ai donc pris les services d'une architecte d'intérieur pour bien cadrer tout cela. Le projet que l'on a validé ensemble me plaisait vraiment.

J'étais fier de montrer les planches de rendus préparées par la designer et impatient de voir les travaux finis et d'installer des locataires dedans. Tellement impatient qu'au milieu du chantier, alors que nous venions juste d'installer l'électricité, j'ai commencé à mettre une annonce pour tester un peu le marché. En fait, je voulais essayer de voir s'il y avait de la demande pour un loyer un peu plus élevé que prévu. J'avais donc préparé une annonce avec une très belle description et en utilisant les planches de la designer (à défaut de photos, puisque l'appartement était encore en travaux).

J'ai eu beaucoup de marques d'intérêt mais personnellement, je me sentais mal car je devais dire aux gens que l'appartement n'était pas disponible avant un mois. Cependant, cela semblait être un avantage pour certains. Du coup, j'ai effectué trois visites sur le chantier, avec des personnes qui m'ont dit vouloir absolument visiter et qui semblaient avoir un très bon profil. Finalement, un locataire a insisté pour « réserver » l'appartement. J'ai donc préparé un contrat d'engagement que nous avons signé, toujours sur le chantier. Grâce à cela, je n'ai pas eu un seul jour de vacance locative sur l'appartement. Et pour mes projets futurs, je referai exactement la même chose.

#37 – Faites toujours établir trois devis

Lorsque vous devez faire des travaux de rénovation, il est important de bien choisir vos artisans.

Comment faire ? Déjà, essayez d'obtenir des recommandations de la part de connaissances. Sinon, faites une recherche rapide sur les pages jaunes et Le Bon Coin. Appelez rapidement cinq ou six prestataires et parlez de votre projet. Posez quelques questions et demandez un avis sur le projet. Puis demandez s'ils ont des références en termes de projets locatifs. En effet, pour vous, l'important est de faire des travaux ayant le rapport durabilité/prix le plus optimal possible.

L'autre objectif est de faire une rénovation « au goût du jour ». Il est bien plus pertinent de prendre un entrepreneur qui a l'habitude de réaliser des projets pour des appartements en location que des projets de rénovation de résidences principales. Ensuite, fixez un RDV pour venir voir le chantier. Sur les cinq ou six artisans contactés, peut-être trois ou quatre se déplaceront. Exposez plus en détails votre idée et demandez confirmation de tous les points (les artisans doivent vous donner des conseils et des idées pour optimiser le chantier). Soyez clair sur le type de devis que vous souhaitez. C'est-à-dire le plus détaillé possible et divisé en lots (lot électricité, lot plaquiste, etc.). Cependant, ne parlez pas encore de prix !

Grâce aux premières visites effectuées et aux devis reçus, votre projet de départ sera sans doute enrichi. Recontactez donc chacun des trois artisans pour ajouter les points nouveaux à mettre dans le devis. Ainsi, vous recevrez trois devis quasi similaires en termes de contenu. Il vous sera plus facile de comparer. Pour cela, prenez en compte le prix, le type de matériau proposé mais également le feeling ressenti lors des rencontres et échanges.

Enfin, pour finir de vous rassurer, vous pouvez faire comme moi. Avant d'accepter, je demande toujours à l'artisan de me communiquer la référence d'un client satisfait.

#38 – Ajoutez une marge de 15 % sur vos travaux

[Témoignage d'un Immo-Preneur à Mulhouse]

Auparavant, je ne connaissais pas le terme d'Immo-Preneur, mais cela correspond parfaitement à ma manière d'agir. J'ai toujours considéré mes investissements immobiliers comme une petite entreprise dans laquelle la gestion du budget et des finances est cruciale. Ma stratégie actuelle consiste à retaper des biens vraiment défraîchis, avec un budget rénovation souvent plus élevé que le prix du bien lui-même. Et de les revendre après, à la découpe.

Le dernier projet en lice est une maison de ville de 70 m² achetée 36 000 € avec un budget travaux de 58 000 euros. L'objectif est d'en faire deux duplex grâce à l'aménagement du grenier. La gestion du poste des travaux est donc de la plus haute importance. Avec plus d'une vingtaine de bâtisses rénovées aujourd'hui, je peux dire que j'ai une bonne expérience dans cette phase. Cependant, malgré toutes les hypothèses qui peuvent être faites *a priori*, une règle que j'ai comprise est qu'il y a toujours des surprises sur un chantier. Et plus souvent de mauvaises que de bonnes.

Du coup, pour être sûr de ne pas me faire surprendre, j'applique aujourd'hui une marge de sécurité de 10 à 15 % sur tous les budgets travaux. Dans mon activité d'achat-revente, je ne peux me permettre de trop sous-estimer ce poste, car c'est mon bénéfice potentiel qui est directement en jeu. S'il s'évapore, l'opération devient tout simplement mauvaise.

#39 – Préparez une check-list de visite

[Témoignage d'un Immo-Preneur en Corse]

Croyez en mon expérience, la meilleure méthode pour trouver de bonnes affaires est de faire beaucoup de visites. C'est ce que je répète sans cesse à tous les investisseurs débutants que j'ai l'occasion de rencontrer. Non seulement c'est une logique mathématique : à probabilité égale, plus vous visitez, plus vous avez d'occasions de trouver UNE bonne affaire. Mais en plus, cela forge une expérience inestimable.

Je me rappelle qu'au tout début, j'avais effectué une vingtaine de visites avant de trouver mon premier bien.

À chaque fois, je me pointais avec un petit bout de papier et un crayon. Et je notais les informations données au fur et à mesure par le vendeur ou son agent. Par conséquent, une fois que je rentrais chez moi, j'avais des petits bouts d'informations sur des points complètement différents selon les biens. Et c'était un casse-tête pour comparer.

Je dois l'avouer, je n'étais pas très méthodique. Au fur et à mesure des visites, je me suis alors créé une sorte de check-list : une liste de quelques points importants pour comparer facilement les biens entre eux. Plus je visitais, plus je peaufinais ce document. D'ailleurs, j'utilise encore de temps en temps ce mémo. Mais à force de l'utiliser, je le connais presque par cœur. Certaines informations sont trouvables en amont de la visite (l'adresse, le cadastre, les loyers, la taxe foncière) et d'autres sont à remplir pendant la visite.

Après la visite, vous pouvez même encore enrichir les informations (visite du voisinage, par exemple). Pour gagner du temps, il faut être méthodique ! Et surtout, n'oubliez pas de faire beaucoup de visites !

Pour aller plus loin :

- Check-list de visite immobilière en 80 points – www.Invest-ImmoClub.com/Principe39

#40 – Prévoyez des pénalités de retard sur les travaux

[Témoignage d'un Immo-Preneur du Morbihan]

Je ne vous surprendrai pas si je vous dis qu'un chantier sans retard, cela n'existe pas ! C'est un fait et personnellement j'en ai fait l'expérience.

En 2013, je décide de réaliser mon premier achat d'immeuble après avoir acheté et fait rénover trois studios et deux appartements à Vannes (Bretagne). Cet immeuble, je le trouve à une heure de chez moi, là où les prix sont un peu plus abordables. Il s'agit d'un bâtiment de trois appartements acheté 60 000 euros qu'il faut rénover entièrement. Pour estimer les travaux, je demande des devis à deux entrepreneurs généraux différents. Le premier, recommandé par l'agent immobilier qui me vend le bien. Le deuxième, trouvé sur les pages jaunes.

Les deux devis sont assez identiques (environ 60 000 €) mais le feeling passe mieux avec le dernier. Les exemples de chantiers récents qu'il me montre finissent de me convaincre. Nous nous accordons sur un devis très détaillé (lot par lot) ainsi qu'un déblocage des paiements par paliers, tout au long des deux mois de travaux. La banque finance 30 000 euros de travaux avec un différé maximum d'un an (une marge suffisante sur les deux mois de travaux prévus) et je mets le complément, soit 30 000 €, de ma poche.

Un an et quatre mois plus tard, le chantier n'est toujours pas achevé. Après avoir tout cassé et déposé, une partie de la rénovation a été amorcée mais la plomberie ainsi que les revêtements (sols, murs, plafonds) et les fenêtres sont toujours manquants. « L'entrepreneur a trop de chantiers en parallèle », me dit-il.

Heureusement, il reste encore 20 000 € non débloqués pour faire pression. Cependant, le problème majeur réside plutôt dans le fait que les échéances du prêt ont commencé alors que je ne récupère aucun loyer. Finalement, la situation se régularise un mois plus tard. L'entrepreneur honore la fin des travaux. Plus de peur que de mal.

En ayant discuté de mon histoire avec d'autres investisseurs, voici ce que j'aurais dû faire : ajouter un avenant au devis avec des clauses d'indemnités de retard. Appliquer 0,1 % du montant total du chantier pour chaque jour dépassé, en autorisant une marge de 10 % de délai. Ou alors appliquer des pénalités égales aux revenus locatifs perdus. Plus le budget est élevé, plus je vous recommande d'appliquer cela...

#41 – Achetez un cahier d'investisseur

Pour vous former, trouver la perle rare et mener à bien un projet d'investissement jusqu'au bout, vous allez devoir récolter beaucoup d'informations. Vous allez appeler des centaines de vendeurs, visiter des dizaines de biens, comparer différentes offres de prêt, contacter et mettre en concurrence plusieurs artisans, acheter de multiples matériaux pour la rénovation, prendre des mesures, filtrer de nombreux candidats-locataires.

Vous imaginez bien qu'avec cette quantité d'informations, travailler sur des feuilles volantes est compliqué. C'est pourquoi un cahier d'investisseur est une bonne chose.

Un simple cahier de taille moyenne fera l'affaire (taille 17 x 22 cm) et sera plus facile à transporter. Si vous pouvez, choisissez des feuilles à petits carreaux car c'est beaucoup plus pratique pour y réaliser des esquisses de plans, par exemple. L'utilisation de ce cahier se fait à plusieurs moments.

Lorsque je contacte les petites annonces :

- Avant d'appeler, je note sur mon cahier le type de bien, le prix, la localisation et les informations clés indiquées dans l'annonce (taxe foncière, charge de copropriété, travaux à faire, loyers).
- Lors de l'appel, je demande le complément sur les informations absentes de l'annonce. Puis je demande une visite (si le bien semble avoir le potentiel) et j'indique sur mon cahier l'adresse exacte, l'heure et le nom de la personne qui va me faire visiter.
- Si je tombe sur un répondeur, je note bien le numéro appelé pour pouvoir m'y retrouver rapidement lorsque cette personne me rappellera.

Lorsque je suis en visite :

- Je note tous les éléments à rénover.
- Je remplis ma check-list de visite insérée dans mon cahier.
- J'esquisse un petit plan du bien (avec quelques cotes) pour m'aider à imaginer la rénovation possible.

Après la visite :

- J'utilise toutes les informations notées dans mon cahier pour effectuer la simulation chiffrée.
- J'utilise le plan pour préparer un document de rénovation.

En complément, j'utilise d'autres outils un peu plus « évolués » pour certains aspects. Notamment mon téléphone pour les photos/vidéo et la calculette ou encore un télémètre laser pour prendre les mesures rapidement.

Néanmoins, je garde toujours un bon vieux cahier et un stylo en complément.

#42 – Apprenez à déléguer les travaux

[Témoignage d'un Immo-Preneur du Morbihan]

Effectuer des travaux et rénover un bien sont des moyens très puissants pour apporter de la valeur à un investissement. Ce qui est puissant c'est que l'augmentation de valeur perçue est généralement plus importante que le coût réel des travaux. Cela semble logique si on y réfléchit bien. Car si ce n'était pas le cas, les entreprises de construction et de BTP n'existeraient pas !

La cerise sur le gâteau dans tout cela, c'est que le retour sur investissement des travaux se fait à deux niveaux.

Premièrement, cela vous permettra d'augmenter le prix du loyer de façon proportionnelle au niveau du standing de la rénovation. Pour un studio, par exemple, il n'est pas impossible d'augmenter de 30 % la valeur du loyer après une rénovation totale (et passage en meublé).

Deuxièmement, la rénovation permettra de valoriser le prix du bien lors de la revente. C'est l'une des techniques utilisées par les marchands de biens.

Mais comme vous l'imaginez, pour atteindre le but recherché, ces travaux doivent être bien réalisés. Alors si c'est votre profession, pas de soucis. Si vous avez un don pour cela, c'est excellent. Mais rapidement il faut apprendre à déléguer car cela reste une tâche chronophage.

De plus, pour les gros travaux, vous n'avez probablement pas les assurances pour vous couvrir en cas de défaut.

Et enfin, en termes financiers, pensez que les travaux sont souvent défiscalisables (vérifiez cependant la liste des travaux éligibles). Donc ils vous coûteront en fait « moins cher » que ce qui est indiqué sur la facture.

Pour aller plus loin :

- Identifier les travaux déductibles des revenus fonciers – Principe #33

#43 – Faites imprimer des cartes de visite

[Témoignage d'un Immo-Preneur en Picardie]

Je crois à 100 % à l'idée d'Immo-Preneur, ce parallèle entre investir dans l'immobilier et créer une entreprise. D'ailleurs je suis moi-même créateur d'une entreprise dans le Web et pour moi, la meilleure manière de préparer le futur de ma famille est d'investir dans la pierre. Car ce n'est pas mon statut d'indépendant qui va me permettre d'avoir une retraite digne de ce nom.

Voici un exemple simple de ce parallèle évoqué. Lorsque j'ai créé mon entreprise, une des premières missions fut de trouver des clients. Et pour cela, j'ai classiquement fait imprimer des cartes de visite que je distribuais à mes prospects. Lorsque j'ai commencé à effectuer mes premières recherches immobilières sur la région d'Amiens, j'ai essayé d'appliquer la même logique.

Je me suis confectionné une carte de visite spéciale avec sur le recto une photo de ma tête accompagnée de l'inscription « Charles F..., Investisseur Immobilier en Picardie ». Et sur le verso « Recherche biens anciens à haute valeur ajoutée. Me contacter au 06.XX.XX.XX ».

Mon idée était d'utiliser cette carte auprès des agents immobiliers, des vendeurs rencontrés pendant les visites et également auprès des artisans contactés pour effectuer les rénovations. Même si cela n'est pas LA méthode miracle, c'est clairement un petit plus. Certains agents et artisans m'ont clairement dit que c'était la première fois qu'ils voyaient cela. D'autres m'ont déjà rappelé pour me parler de potentielles affaires.

Dans l'immobilier comme dans tout business, il est très important de développer son réseau. Et je pense que la carte de visite est un outil clé.

Pour aller plus loin :

- Sites pour imprimer une carte de visite rapide et abordable – www.InvestImmoClub.com/Principe43

#44 – Achetez des matériaux de qualité

Vous l'avez compris, en tant qu'Immo-Preneur, la mission est d'améliorer le résultat net.

Pour cela, vous devez à la fois augmenter les recettes et diminuer les charges. Logiquement, vous allez vous dire : « Si j'achète des matériaux de qualité, mon résultat net va baisser. Puisque, en tout état de cause, cela augmente les charges de rénovation ! ». Cette réflexion est tout à fait pertinente ! Lors d'un investissement avec rénovation, le montant des matériaux et équipement peut monter très rapidement.

Mais derrière cette réflexion simple, je vous propose de prendre un autre facteur en compte. En prenant des produits sans marque dans les enseignes de grande distribution de bricolage, vous gagnez à court terme mais perdez à long terme. Imaginons deux scénarios pour bien comprendre :

Cas #1) Vous achetez un robinet bas de gamme chez Leroy Merlin. Au bout de deux ans, il commence à se gripper. Vous passez donc chez le locataire pour le réparer vous-même (ce qui vous prendra du temps donc de l'argent) ou bien vous faites appel à un plombier. Minimum 30 € de dépenses supplémentaires. Le pire, c'est qu'il y a de fortes chances pour que cela se répète un ou deux ans après… faisant grimper les frais de maintenance.

Cas #2) À l'inverse, vous optez pour un robinet de qualité. Quand je dis « qualité », je veux dire « qualité professionnelle ». Paradoxalement, les références professionnelles ne sont pas toujours beaucoup plus chères ! En effet, les marques professionnelles ont généralement des produits d'entrée de gamme. Ces derniers sont fabriqués dans les mêmes usines que les références plus onéreuses et la qualité reste de très bonne facture (ces marques font attention à ne pas écorcher leur image). Ce type de robinet durera facilement dix ans (voire plus) sans avoir de maintenance à effectuer.

En faisant le calcul sur le long terme, à votre avis, quelle est la solution la plus rentable ?

#45 – Préparez une liste d'artisans « référencés »

Vous allez me dire qu'avec toutes les choses auxquelles vous devez penser en tant que propriétaire, préparer une liste d'artisans en avance est bien fastidieux. Dans une des publications d'Invest Immo Club, nous avons listé une trentaine de partenaires nécessaires pour investir de façon efficace. En fait, il va falloir surtout détecter les artisans nécessaires et disponibles dans les situations d'urgence.

Concrètement, il s'agit du plombier, de l'électricien, du chauffagiste, du menuisier et peut-être du serrurier. Pourquoi ces artisans ? Parce que ce sont eux qui vous permettront d'assurer les obligations légales d'un logement décent (sécurité, santé, confort). Dans une situation d'urgence, vous devez agir vite. Dans la précipitation, vous pourriez avoir un jugement biaisé lors de la sélection du bon artisan.

Pour préparer cette liste en avance, il existe plusieurs solutions. Tout simplement, vous pouvez effectuer une recherche sur Les Pages Jaunes. Personnellement, j'ai pris l'habitude d'obtenir des recommandations. D'une part, via les agences immobilières locales. D'autre part, auprès d'autres propriétaires-bailleurs que je rencontre. Puis j'appelle quatre ou cinq artisans dans chacun des cinq métiers et je me présente. Je dis clairement que je viens d'acheter un bien et souhaite obtenir des informations en prévention d'un pépin futur ! Je demande leur tarif, leur zone de déplacement, combien ils sont dans l'entreprise et je note le « feeling » au cours de la conversation ainsi que le degré de « serviabilité ».

J'inscris ces informations quelque part, le plus souvent dans mon cahier d'investisseur (cf. Principe #41). Puis à partir de ces informations, j'essaie d'identifier les deux meilleurs. Pourquoi deux ? Parce qu'un jour où j'avais eu besoin d'un plombier en urgence, celui-ci était exceptionnellement en vacances. Il est toujours mieux d'avoir un plan B.

Pour aller plus loin :

- Liste des partenaires nécessaire en tant qu'Immo-Preneur – www.InvestImmoClub.com/Principe45

#46 – Créez le coup de cœur dans votre annonce

Le « coup de cœur ». Je trouve que c'est une très belle expression. Mais qu'est-ce que cela signifie? Sans doute, l'avez-vous déjà ressenti ? C'est une sensation de connexion presque instantanée avec le lieu que vous visitez. Vous arrivez à vous projeter dans l'espace que vous voyez. À imaginer des moments du quotidien et des interactions avec l'appartement ou la maison.

D'ailleurs, c'est peut-être cela le plus fort. Avoir le coup de cœur pour un bien, c'est réussir à se mettre en scène (ainsi que sa famille) dans le logement et ressentir un bien-être dans cette visualisation. Du coup, en tant que propriétaire, comment réussir à générer ce sentiment?

Si vous prévoyez de louer un appartement meublé, cela sera relativement aisé. En effet, vous avez plus d'« outils » à votre disposition pour créer une mise en scène. Pour vous inspirer, il y a une source très simple et gratuite : les offres Airbnb. Le site a en effet pour credo de pousser les propriétaires à maîtriser l'effet coup de cœur.

Pour les personnes qui souhaitent louer nu, il est tout de même possible de créer le coup de cœur « artificiellement ». Pour cela, vos deux alliés sont les photos et la description du bien sur votre annonce.

Si vous pouvez, essayez de prendre des photos du bien avec quelques meubles (ceux des anciens locataires, par exemple). Faites en sorte de bien faire ressortir des détails qui illustrent des scènes du quotidien (dans la cuisine ou la salle de bains, par exemple).

Ensuite, dans l'annonce, l'astuce consiste à utiliser des tournures et des mots qui poussent à l'imagination. Enfin, essayez de préparer un plan en 2D du logement, afin d'aider le prospect locataire à se projeter davantage.

Pour aller plus loin :

- Petit guide pour créer l'annonce parfaite – www.InvestImmo-Club.com/Principe46

#47 – Vérifiez toujours les PV d'Assemblée générale de copropriété

[Témoignage d'un Immo-Preneur à Tours]

Cela fait deux ans que j'ai commencé à investir. Habitant en Touraine, j'ai eu la chance de trouver de bonnes rentabilités dans la ville de Tours et c'est donc ici que j'ai concentré mes investissements.

Mon créneau est de cibler les étudiants. La ville comporte une grande université (plus de 25 000 étudiants inscrits) ainsi que de nombreuses autres écoles plus petites (IUT, école d'ingénieur, école d'infirmière, école de notariat, école de sage-femme et des écoles d'art). Pour cibler cette population, j'ai d'abord réalisé des investissements dans des petites surfaces type studio et T1.

Au début de mes recherches, j'ai commencé par faire de nombreuses visites, histoire de me familiariser au maximum avec le marché local. J'ai compris qu'il fallait viser des appartements ayant des surfaces au moins égales à 20 m^2. En effet, je pense que dans les villes moyennes, les étudiants sont moins enclins à vivre dans des micro-surfaces (13-20m^2) comme c'est les cas à Paris ou dans les grandes métropoles.

Après quelques visites d'appartements, j'ai trouvé un bien qui correspondait à mes critères. Bon prix, bonne surface et bien relié à l'université par transport en commun. Mais lorsque j'en suis venu à faire une simulation de rentabilité en incluant tous les coûts j'ai été surpris par le résultat final. En fait, le calcul était réellement plombé par les charges de copropriété. Pour un loyer mensuel de 400 €, les charges s'élevaient à 120 €. Soit environ 30 %.

À Tours, comme dans certaines autres villes françaises, de nombreuses constructions sont sorties de terre suite à la destruction de quartiers entiers pendant la Seconde Guerre mondiale. Des immeubles qui sont très peu économiques et dans lesquels les charges sont exorbitantes. Le pire c'est que l'immeuble en question méritait un bon rafraîchissement au niveau des parties communes. Comment je l'ai su ? L'agent immobilier m'a fourni le procès-verbal (PV) de la dernière Assemblée générale (AG). Des travaux de 60 000 euros étaient prévus dans les deux ans à venir. La bonne affaire identifiée au départ était en fait un très mauvais calcul.

Aujourd'hui, dans mes critères, j'exclus systématiquement les copropriétés de ce type. Par la suite, j'ai appris qu'en général en France, de nombreuses copropriétés sont endettées et cela même dans d'autres types d'immeubles. À chaque fois que je fais un investissement, j'essaie de me rapprocher du syndic qui gère la copropriété pour avoir des informations sur la santé financière.

4

DEVENEZ UN EXCELLENT GESTIONNAIRE LOCATIF DE VOTRE PATRIMOINE

#48 – Réglez les problèmes des locataires sans tarder

« Il n'y a pas de problèmes, il n'y a que des solutions ». C'est un peu la devise que j'aime me répéter.

Face à un obstacle, nous avons deux manières de réagir. Voire trois :

- soit on reste paralysé devant le problème (en espérant qu'il va disparaître par lui-même) ;
- soit on essaie de le contourner (c'est parfois intéressant, mais pas toujours) ;
- soit on le surmonte.

Dans le premier cas, vous imaginez bien qu'à part un coup de pouce divin, il n'en est rien. Vous serez toujours perdant.

Prenons un exemple que j'ai vécu : un locataire m'informe qu'une fenêtre, celle de la salle de bains, est bloquée en position fermée et ne s'ouvre plus. Je lui propose d'attendre la fin de l'année car il y a d'autres travaux prioritaires, et que la VMC (la Ventilation mécanique contrôlée) devrait permettre d'aérer correctement la pièce.

Trois mois plus tard, je lui rends visite et m'aperçois que des traces de moisissures sont apparues au plafond… Ma deuxième réaction a donc été de rafistoler la fenêtre (qui avait plus de 15 ans) en changeant le système de poignée.

Trois mois plus tard, la fenêtre ne s'ouvrait plus à nouveau. J'ai donc fait appel à un menuisier qui a placé une nouvelle fenêtre. Au final, le locataire avait perdu patience et confiance. J'ai quand même dû refaire le plafond. Et finalement, j'ai dû payer une fenêtre neuve.

Aujourd'hui, chaque fois qu'un problème est remonté par un locataire, je mets en place une solution rapide et pérenne.

#49 – Appliquez les concepts du *Home Staging*

Le *Home Staging* est un concept venu tout droit des USA qui peut être traduit par l'expression « Valorisation immobilière » en français.

D'après Wikipédia, cette notion peut être décrite comme « un ensemble de techniques permettant de mettre dans les meilleures conditions un bien immobilier destiné à la vente ou à la location. Il s'agit donc d'une forme de marketing immobilier, pouvant s'apparenter au packaging des autres types de produits. »

Dans la pratique, le but est d'utiliser des éléments de décoration et des meubles ayant un ratio « prix/valeur perçue » maximal. Puis de les agencer au mieux pour créer un effet coup de cœur.

La mode du *Home Staging* a été récemment popularisée grâce à des émissions de télévision grand public (D&CO, par exemple, en France) et il s'avère que les résultats chiffrés sont vraiment très bons. Ventes plus rapides et loyers significativement plus élevés. Vous pourriez pour cela faire appel à des professionnels du secteur ou lire un ou deux livres sur le domaine.

Pour aller plus loin :

- Sélection de livres basiques sur le Home Staging – www.Invest-ImmoClub.com/Principe49

#50 – Apprenez à prendre des photos efficaces

[Témoignage d'un Immo-Preneur dans le Nord]

90 % ! C'est le pourcentage de projets immobiliers qui débutent sur Internet d'après Google France (en 2015). Cela concerne les projets d'achat/vente et de location.

Le jour où j'ai entendu ce chiffre, je n'étais pas totalement surpris mais néanmoins impressionné. Pour mon petit business immobilier, Internet est un outil indispensable. Je fais de la location courte durée et aujourd'hui encore, le gros de mes réservations provient de la plateforme Airbnb.

En six ans d'expérience et trois biens opérés selon ce modèle, j'ai compris que l'image renvoyée par le logement est cruciale. C'est simple, depuis trois ans, j'ai mis en place un questionnaire de satisfaction et l'une des questions est la suivante : « Pourquoi avez-vous choisi cet appartement par rapport aux autres sur Airbnb ? » Les deux réponses les plus courantes sont « pour le prix » et « pour le style aperçu sur les photos ».

C'est là que j'ai compris pourquoi Airbnb employait des photographes professionnels et proposait gratuitement leurs services à ses hôtes.

La photo est le premier élément perçu par l'internaute (avec le prix). Et lorsque mon annonce est mêlée à 50 autres sur une page de recherche, mes photos doivent sortir du lot pour attirer l'œil. De meilleures photos me permettent de capter plus d'attention et donc plus de réservations. Mais en fait, cette logique est également vraie pour une location normale (à l'année) ou une vente !

Pour la résidence principale que nous avons vendue récemment, nous avons fait venir un photographe spécialisé dans l'immobilier, et pour une centaine d'euros, cela nous a clairement aidés à obtenir davantage de visites.

Pour aller plus loin :

- Liste de photographes immobiliers pour réaliser vos clichés – www.InvestImmoClub.com/Principe50

#51 – Offrez des cadeaux à vos locataires

Avez-vous déjà eu la chance de profiter d'un geste commercial de la part d'un commerçant de votre quartier ? C'est une sensation très agréable, non ? Inconsciemment, cela vous a donné envie de revenir chez ce commerçant.

Autre question : combien de cartes de fidélité avez-vous actuellement dans votre portefeuille ? Je vous laisse regarder… Bref, vous vous doutez que ces méthodes commerciales ne sont pas anodines. Elles ont pour objectif de vous fidéliser en tant que client. De créer le petit plus au-delà du simple service/produit initial. Et surtout de créer une relation entre vous et l'enseigne. Pour que la prochaine fois, quand vous devrez acheter ce service/produit à nouveau, vous pensiez à ce commerçant en premier plutôt qu'à un concurrent.

En effet, pour une entreprise, il est toujours plus facile (et moins cher) de mener des actions pour retenir un client que pour acquérir un nouveau client. Vous voyez où je veux en venir ?

Dans votre « entreprise » immobilière, vos locataires sont vos clients. Retenir un client signifie qu'il signe un renouvellement de bail. Acquérir un nouveau client correspond à la phase de relocation. Donc moi, j'utilise cette technique qui consiste à faire des petits cadeaux à mes locataires. Une fois par an, pendant la période des fêtes, une bouteille de vin ou des chocolats font très bien l'affaire. Pour moins de 10 €.

Bien sûr, cela ne vous dispense pas d'être réglo et réactif pour toutes les demandes de réparations ou de maintenance le reste de l'année. C'est juste un plus, qui peut être très efficace sur le long terme.

Pour aller plus loin :

- Listes de cadeaux à offrir à vos locataires – www.InvestImmo-Club.com/Principe51

#52 – Définissez le profil de votre locataire type

[Témoignage d'un Immo-Preneur à Angers]

Pour moi, investir dans l'immobilier est vraiment un business à part entière. Chaque bien que je possède est un produit qui doit être « vendu » à un locataire. Ce locataire devient alors mon client. L'avantage avec l'immobilier, c'est que je peux choisir mes clients. Pour cela, il me suffit de sélectionner ou de créer les types d'appartements qui correspondent à ma clientèle cible.

Depuis le début, mon créneau a été de proposer des biens pour les étudiants sur la ville d'Angers. Mais c'est seulement après quelques années d'expérience que j'ai vraiment appris à comprendre les besoins de mes clients. Une connaissance que je continue de peaufiner encore aujourd'hui. Cette étude marketing commence dès le premier contact téléphonique avec les candidats. En effet, je demande systématiquement quel est l'élément le plus important pour eux dans leur recherche de logement. L'étude est encore plus profonde lors du départ de chaque locataire.

Au moment de l'état des lieux de sortie, je pose quatre questions simples :

- Question 1) Quel est l'atout numéro 1 du logement ?
- Question 2) Comment pourrait-on améliorer le studio ?
- Question 3) Comment pourrait-on améliorer la relation entre vous et moi ?
- Question 4) Est-ce que vous recommanderiez ce logement à un ami ?

Ces questions peuvent paraître anodines, mais elles m'ont appris beaucoup de choses. Entre autres, j'ai appris qu'il existe un segment de marché pour des étudiants (soutenus par leurs parents) prêts à payer un peu plus cher pour être en centre-ville. Grâce à la question 4, j'ai réussi à développer un partenariat avec une école peu connue, présente dans une zone proche de mes appartements. Le plus intéressant est que cette technique est applicable même sans avoir encore d'appartements.

Lorsque j'ai décidé d'investir dans la nouvelle ville où j'ai été muté (La Rochelle), j'ai posté quelques annonces fictives et pris les appels des candidats-locataires. Pour ne pas me griller, je disais que l'appartement venait d'être loué mais que j'aurais d'autres appartements libres prochainement. À chaque prise de contact, je posais ma question fatidique : « Quel est le critère le plus important pour vous dans la recherche du logement ? »

#53 – Pensez aux nouvelles tendances de société

[Témoignage d'un Immo-Preneur qui investit sur l'Arc atlantique]

D'après moi, investir dans l'immobilier n'est pas seulement un acte financier. C'est aussi un acte sociétal :

- acheter un bien, c'est parfois aider un vendeur à se débarrasser d'un poids (dans le cas d'une succession, par exemple) ou aider quelqu'un à rebondir (dans le cas d'un divorce, par exemple),
- rénover un appartement, c'est faire travailler des artisans et des entrepreneurs et potentiellement aider à faire revivre (à petite échelle) un immeuble un peu vieillot,
- louer un bien, c'est proposer un hébergement à un locataire. Combler ainsi un besoin primaire tout en permettant à cette personne de se sentir bien chez elle.

D'ailleurs, sur ce dernier point, ma vision est simple : je souhaite proposer des logements agréables, avec un standing proportionnel au loyer pratiqué. En effet, certains de mes biens sont en zone moyenne avec des prestations standards et des loyers accessibles. Mais j'ai aussi des biens avec d'excellentes prestations pour des prix supérieurs au marché. Dans tous les cas, j'essaie de m'adapter à mon locataire cible.

Ce qui est amusant, c'est qu'au fil des ans, les envies et les besoins des locataires évoluent. La société se transforme, et les usages du logement avec. C'est pour cela qu'il y a trois ans, j'ai commencé à m'intéresser à la colocation. Une partie de mon patrimoine étant située dans des agglomérations entre 20 000 et 100 000 habitants, je ne pensais pas que cela était pertinent. Et pourtant, en diffusant une petite annonce fictive, j'ai pu voir qu'il y avait une réelle demande.

Aujourd'hui, j'ai trois maisons en colocation en centre-ville, accueillant une population de jeunes professionnels principalement.

Une autre partie de mon patrimoine se trouve dans deux villes de plus de 100 000 habitants. J'y avais des caves vides associées à quelques studios que j'avais achetés et que je n'exploitais pas. J'ai proposé trois de ces caves sur un site de co-stockage et elles ont toutes été louées en moins d'une semaine. Cela apporte un complément de revenu presque similaire à un parking.

Plus je cherche et plus je me rends compte que les possibilités sont grandes. À vous de chercher !

Pour aller plus loin :

- Liste des nouvelles tendances de société exploitables en immobilier – www.InvestImmoClub.com/Principe53

#54 – Différenciez les critères de résidence principale et les critères locatifs

Quand je parle d'immobilier avec la plupart des gens non avertis, il y a un schéma qui se répète. Les gens mélangent allègrement les notions qui s'appliquent à l'acquisition d'une résidence principale (RP) et celles qui s'appliquent à l'investissement locatif. Cette confusion est très néfaste et il faut faire preuve de pédagogie pour expliquer la différence.

Pour faire simple, je dirais que la majorité des critères d'achat d'une RP sont purement émotionnels, tandis que les critères pour un investissement locatif doivent être rationnels. En effet, l'achat d'une résidence principale peut laisser place à l'affect. Après tout, c'est un endroit où l'on souhaite vivre, se sentir bien et passer une partie de sa vie. Un investissement locatif, lui, doit être absolument raisonné. Vous n'investissez pas pour la beauté du geste. Les critères que vous définissez doivent être validés par des faits et des chiffres. Si vous souhaitez trouver d'excellentes rentabilités, il faudra généralement vous écarter des plus beaux quartiers. Ce n'est peut-être pas là que vous souhaitez vivre mais, s'il y a de la demande locative, n'hésitez pas.

Par exemple, si vous investissez dans un logement pour étudiant, vous devez comprendre ce que les étudiants apprécient. Vos goûts personnels ne sont alors pas pertinents. Bien sûr, ne proposez pas un logement insalubre ou un bien qui n'a aucun atout. Le but est quand même de vous démarquer ! Mais pensez aux besoins des locataires cibles avant les vôtres. Le plus compliqué, je dois l'avouer, c'est quand les professionnels de l'immobilier font cette confusion entre RP et investissement locatif. Et là, je peux vous assurer que certaines idées ont la vie dure…

#55 – Déterminez correctement le montant de vos loyers

Dans le monde de l'entreprise, la fixation du prix auquel un produit sera vendu est une science à part. Ce facteur détermine si le produit sera *low-cost*, de masse ou plutôt luxueux.

Prenons le monde de la chaussure :

- pour 20 €, vous pouvez largement trouver des chaussures de ville pour homme, sur l'étal du marché dans n'importe quelle ville. Certes, ce ne sera pas le plus grand des conforts mais au moins, cela remplira la fonction de base : ne pas marcher pieds nus,
- puis pour 80 €, vous trouverez, dans les enseignes de distribution grand public, des chaussures plus confortables et (peut-être) plus jolies. En espérant qu'elles aient une durée de vie plus longue également,
- enfin, à l'extrême, vous trouverez des chaussures de grands couturiers. Dépassant les 1 000 euros. Certes, elles sont faites main, mais la fonction de base n'est pas supérieure.

Tout cela pour dire qu'en tant qu'entreprise, il va falloir choisir votre positionnement prix. Et pour cela, il faut déterminer votre client cible. Pour être franc, je vous déconseille de faire du low-cost. Car vous le ressentirez fortement au niveau du « service après-vente ».

Quant au luxe, c'est une niche mais dans ce cas, il faut avoir les moyens (et les contacts) d'investir dans des biens d'exception.

Il reste les investissements grand public et là, il est possible de sous-segmenter. À vous de choisir si vous souhaitez être plutôt au prix du marché, un peu en dessous ou juste au-dessus.

Dans tous les cas, mettez une annonce fictive dans un premier temps (avant même la signature finale d'achat) pour prendre la température et adapter la rénovation au plus juste.

La technique que j'utilise personnellement est de fixer mes loyers au prix du marché (dans la moyenne supérieure) en rénovant tout au goût du jour et à neuf.

#56 – Préparez un plan du bien en 2D

[Témoignage d'un Immo-Preneur dans la Marne]

Depuis que j'ai commencé à investir dans l'immobilier, ma spécialité est de faire de la rénovation de surfaces moyennes. Des appartements de types T2 et T3 principalement.

Mon dada, c'est de réussir à créer de la valeur en réhabilitant des logements anciens, bien placés. En effet, je me concentre sur des petites villes de 10 000 à 20 000 habitant dans le Grand Est.

Ma cible préférée, ce sont les immeubles en centre-ville. Ce sont des zones vivantes et avec le recul, je peux vous assurer qu'il y a toujours de la demande et qu'il me faut généralement moins d'une semaine pour trouver un bon locataire.

De façon générale, j'aime abattre des cloisons et ré-agencer selon les modes actuelles (grandes pièces communes, cuisines ouvertes, rangements intégrés). Du coup, le résultat après travaux donne souvent un tout autre ressenti que le logement initial.

Pour m'aider, j'use et j'abuse d'un logiciel de création de plans en 2D disponible gratuitement sur Internet. Dès que je visite un bien, je prends en effet les cotes avec mon télémètre laser et cela me permet de potasser la réhabilitation envisageable, directement, grâce à ce logiciel. Les plans en 2D ainsi générés me sont très utiles ensuite pour discuter avec les artisans sur le chantier.

C'est également un document que je rajoute sur mes petites annonces en plus des photos, et qui apporte un petit plus. Preuve que cela marche, certains prospects-locataires me disaient que ce plan en 2D leur avait permis de bien se projeter avant même la visite !

Pour aller plus loin :

- Liste des logiciels en ligne pour vous aider à créer des plans facilement – www.InvestImmoClub.com/Principe56

#57 – Réagissez rapidement à tout impayé de loyer

[Témoignage d'un Immo-Preneur à Amiens]

Dans ma vie de bailleur (plus de 20 ans), j'ai dû expérimenter quatre cas d'impayés, ce qui n'est pas trop mal ! D'après moi, il existe deux profils types dans les cas d'impayés de loyer :

Profil #1 – le locataire qui fait exprès de ne pas payer. Il a les moyens (ou alors, pourrait les avoir s'il ne dépensait pas une fortune à équiper sa berline allemande customisée) mais décide que, pour une raison ou une autre, il ne vous paiera pas ou alors, pas complètement. Ou peut-être, vous paiera-t-il, mais en retard. Ce type de locataires fait preuve de mauvaise foi et connaît assez bien ses droits. C'est le pire des cas ! Cela ne m'est arrivé qu'une fois...

Profil #2 – le locataire qui a vraiment des soucis d'argent. Il essaiera peut-être de payer par morceaux. Mais dès qu'il le pourra, il fera le nécessaire pour rembourser.

Quand le premier impayé (ou le premier retard de paiement) se manifeste, vous ne savez pas *a priori* auquel de ces deux profils vous avez affaire. Il faut donc réagir vite dans les deux cas en prenant contact avec le locataire. Demandez des explications. Puis proposez un échéancier pour étaler le loyer dans le temps. En général, vous verrez vite à quel type de mauvais payeur vous avez affaire.

Pour celui de mauvaise foi, il faut maintenir la pression et souvent, vous n'aurez pas le choix d'enclencher la procédure légale (lettres officielles avec accusé de réception, puis recours à un huissier pour faire appliquer vos droits).

Pour celui qui a vraiment des soucis d'argent, vous pouvez faire preuve de compassion mais il faut le responsabiliser.

Comme dans de nombreux aspects de l'investissement immobilier, la communication et la réactivité sont des atouts clés.

Pour aller plus loin :

- Détails sur la procédure précise à déclencher pour régler une situation bloquée d'impayé de loyer – www.InvestImmoClub.com/Principe57

#58 – Faites une sélection rigoureuse de vos locataires

[Témoignage d'un Immo-Preneur à Limoges]

Pour optimiser mes investissements, la phase de mise en place et de gestion des locataires est cruciale. Plus que des clients, je vois mes locataires comme des partenaires. Le mot « partenaire » est fort mais l'image se révèle assez véridique. En effet, le locataire est plus qu'un simple porte-monnaie (comme peut l'être un client). Il possède le pouvoir de bien entretenir ou de dégrader votre produit. Or, il n'est pas facile de parvenir à une relation gagnant-gagnant, sur le long terme.

La stratégie consiste tout d'abord à faire une bonne sélection du partenaire. Sur les conseils de deux amis investisseurs, j'ai mis en place un processus détaillé et systématique pour chaque entrée d'un nouveau locataire. Cela s'inspire clairement des instructions suggérées par les compagnies proposant des assurances loyers impayés (après tout, ce sont des pros).

Le principe est de donner le plus d'informations possible dès l'annonce (loyer, charges incluses, transports en commun à côté, date de disponibilité, créneau pour faire les visites). Déjà, cela m'évite trop de questions. Puis, je demande de remplir un petit questionnaire en ligne. Je peux déjà analyser le profil des candidats. Rapidement, je rappelle tous ceux qui ont répondu au questionnaire pour poser quelques questions supplémentaires et je donne rendez-vous à quatre ou cinq personnes dont le profil me plaît.

Personnellement, je préfère faire des visites collectives. Parmi les candidats avec lesquels le feeling est le mieux passé, je fais une petite vérification des documents (appel aux employeurs ou aux garants si existants).

Mes biens étant en proche banlieue parisienne, j'ai la chance d'avoir du choix dans les candidats. Bien sûr, cette recette n'est pas infaillible à 100 % mais elle apporte un confort qui est vraiment agréable, surtout lorsque l'on gère plusieurs biens.

Pour aller plus loin :

- Instructions des Assurances Loyers Impayés – www.Invest-ImmoClub.com/Principe58

#59 – Éduquez vos locataires

Vous avez mis du temps et de l'argent pour rénover votre bien locatif et avez enfin choisi un locataire qui vous semble convenable. Cette sélection s'est en général basée sur quelques conversations téléphoniques, deux ou trois rencontres en face à face et la vérification de documents officiels. Après avoir effectué l'état des lieux, vous confiez donc un des biens les plus onéreux que vous possédez à un quasi-inconnu en estimant qu'il en prendra bien soin.

C'est un peu comme lors d'un recrutement en entreprise. L'employeur conduit des entretiens pour évaluer la pertinence et le sérieux du candidat. Le risque c'est que certaines personnes sont très douées pour réussir des entretiens d'embauche mais se révèlent calamiteuses dans leur travail par la suite ! Heureusement, dans le monde de l'entreprise, il existe la « période d'essai ». Dans la location, ce n'est pas le cas. Faire un choix est plus risqué.

Pour réduire un peu ce risque de dégradation du bien, j'applique quelques méthodes simples. Je pars du constat que de façon générale, les gens n'ont pas l'intention de dégrader mais plutôt qu'ils sont ignorants ou fainéants. Je prends donc soin de transmettre quelques informations de base au locataire permettant de prévenir certains problèmes plus importants dans le futur, causés par l'ignorance. Où se trouve la vanne d'arrivée d'eau au cas où il y aurait une fuite ? Comment marche le four de la cuisine ? Quelles sont exactement les réparations à la charge du locataire ?

Voici en pratique comment je fais :

- tout de suite après l'état des lieux d'entrée, je fais un tour dans le bien avec le/la locataire pour indiquer toutes les petites spécificités techniques,
- en même temps, je lui donne un « petit carnet » dans lequel sont récapitulées les différentes obligations en termes de réparation, les moyens de communiquer avec moi, les numéros d'artisans que j'ai déjà fait travailler, etc.

En plus d'éduquer, cela responsabilise. Et puis, tous les trimestres, je fais un point téléphonique pour savoir s'il y a des choses à faire, des réparations à effectuer. Bref, de la pure prévention.

Pour aller plus loin :

- Modèle de « carnet de location » à remettre au locataire – www.InvestImmoClub.com/Principe59

#60 – Discutez régulièrement avec vos locataires

Vous le savez, être un Immo-Preneur, c'est considérer votre activité d'investissement immobilier comme une petite entreprise dont les locataires sont les clients. Aujourd'hui, un des concepts les plus en vogue dans le monde de l'entreprise est celui de la « satisfaction client ». En effet, c'est un facteur hautement différenciant face à la concurrence. Un client satisfait est un client fidèle. Or, pour un bailleur, un client fidèle signifie un taux de rotation plus faible et une vacance locative minime. Bref, une rentabilité augmentée.

Mais un client satisfait passe aussi par un client qui a confiance. C'est-à-dire un locataire qui sait qu'il peut vous parler lorsqu'un problème se manifeste. En effet, un petit problème dissimulé peut se transformer en gros problème s'il n'est pas traité à la source. Comme l'adage populaire le dit : « Il vaut mieux prévenir que guérir ».

De façon fréquente (tous les trois ou six mois), faites en sorte de communiquer avec vos locataires. Pour cela, vous pouvez vous déplacer mais ce n'est pas obligatoire. Un petit SMS fait très bien l'affaire. C'est d'ailleurs la voie de communication que je privilégie car c'est plus concis.

Bon, parfois, il arrive que des locataires soient « bavards » (pour ne pas dire qu'ils ont une tendance à se plaindre pour des broutilles). Dans ce cas, essayez de remettre les choses dans l'ordre en lui disant que vous êtes à son écoute mais qu'il est important de régler les choses par ordre d'importance.

#61 – Connaissez vos concurrents

Dans le service marketing des entreprises, la veille concurrentielle est une activité à part entière.

Car convaincre un client d'acheter son produit se découpe en deux phases distinctes :

- premièrement, il faut que le produit intéresse le client,
- deuxièmement, il faut que le client choisisse votre produit plutôt que celui de la concurrence.

Dans les entreprises fortement innovantes, l'effort consiste surtout à éveiller et concrétiser l'intérêt du client. En effet, les produits très innovants sont souvent seuls sur leur marché. Par contre, pour les produits matures, le but est surtout de se différencier de la concurrence. Et pour réussir cela, il faut nécessairement connaître ce que fait la concurrence. Le produit que l'on vend en tant que bailleur, c'est un logement. Vous en conviendrez, ce n'est pas très innovant. C'est même plutôt un produit très mature. Et en face de vous, vous avez une multitude de concurrents. Alors, comment faire pour les recenser ?

Premièrement, par catégories. Si vous faites de la location longue durée, vous serez en concurrence avec d'autres bailleurs privés mais aussi avec des bailleurs sociaux (HLM). Quel est le pourcentage de logements sociaux dans votre zone ? Si vous faites de la location courte durée, vos concurrents sont les autres particuliers ainsi que les hôteliers professionnels (hôtels, appart-hôtels, etc.).

Ensuite, vous pouvez différencier par types de gestion. En effet, parmi les bailleurs privés, un pourcentage non négligeable passe par des agences de gestion locative. Aux yeux des candidats-locataires, ces professionnels présentent à la fois des avantages (ils sont plus réactifs normalement) et des inconvénients (frais d'agence pour le locataire). Pour évaluer rapidement ce pourcentage, faites une recherche sur Le Bon Coin et regardez combien d'annonces « particuliers » et « pro » vous trouvez.

En marketing, une des techniques pour limiter la concurrence est de segmenter. C'est-à-dire cibler une sous-catégorie de population (qui sera nécessairement plus restreinte en volume) et proposer un produit spécialement dédié à cette sous-population. Dans l'immobilier, il est possible d'appliquer cette technique marketing. Par exemple, en signant un partenariat (officiel ou officieux) avec une grosse entreprise proche de votre logement. Ou alors, faire une colocation spécialisée pour les entrepreneurs/freelance (avec un contrat court terme pour éviter les défauts de paiement).

Bref, démarquez-vous de la concurrence.

#62 – Consultez votre Agence départementale d'information au logement (ADIL)

[Témoignage d'un Immo-Preneur en Alsace]

En tant qu'investisseurs immobiliers, nous n'avons pas beaucoup de chance en France. Pourquoi ? Parce que les données disponibles dans l'univers immobilier sont assez peu transparentes.

Par comparaison, l'un des marchés les plus avancés dans ce domaine, c'est le marché américain. Là-bas, il est possible d'avoir énormément d'informations sur chaque bien mis en vente, directement en ligne. Tout est beaucoup plus transparent. Le portail de petites annonces en ligne Zillow est LA référence outre-Atlantique et voici le type de données qu'il est possible de trouver pour CHAQUE bien annoncé :

- l'adresse exacte ;
- la surface précise ;
- la taxe annuelle ;
- la date et le prix du dernier achat ;
- et bien d'autres informations.

Cela permet de faire des analyses beaucoup plus précises et plus fines. Bref, un rêve pour quelqu'un qui aime manipuler les chiffres comme moi. Heureusement en France, il existe quelques sources de données pertinentes.

Pour avoir des données macro, par exemple, nous pouvons visiter le site de l'INSEE. Pour aller un peu plus loin, il y a les estimateurs de prix tels que MeilleursAgents.com ou le site des Notaires (plus difficile pour les petites villes). Puis, nous pouvons consulter le PLU (Plan local d'urbanisme) de la ville ciblée ou lire la presse locale pour identifier les projets d'avenir. Mais il y a également une source administrative plus confidentielle qui mérite d'être connue. Il s'agit de l'ANIL (Agence nationale d'information au logement) qui est décentralisée par département (Agence départementale d'information au logement).

La première fois que j'ai visité le site de l'ANIL, j'ai découvert des études et rapports fort intéressants sur le marché du logement en France. Mais surtout, il y a une rubrique « Pour les propriétaires » dans laquelle j'ai découvert les aides financières disponibles pour nous, propriétaires bailleurs. J'ai ainsi appris que mon bien pouvait être conventionné (c'est-à-dire que je bénéficie d'un abattement fiscal si je plafonne le loyer de l'appartement). Et, par chance, le loyer que je comptais appliquer était en dessous du plafond. Comment je l'ai su ? En appelant l'ADIL du 68, département dans lequel mon bien se trouve. Car chaque ADIL définit ses propres plafonds et conditions.

Pour trouver votre ADIL, faites une simple recherche sur Google « ADIL + n° du département ».

#63 – Planifiez les grosses dépenses et la maintenance

[Témoignage d'un Immo-Preneur à Caen]

Si vous êtes comme moi, vous aimez sans doute faire un maximum de simulations. À chaque fois que je jette mon dévolu sur un bien, je passe plusieurs heures à modifier un maximum de variables pour réaliser différents scénarios.

Malheureusement, malgré toutes les simulations que l'on peut faire au départ, la réalité est souvent différente. C'est pour cela que j'essaie de toujours préparer un scénario très conservateur, voire pessimiste. Si j'arrive à un autofinancement dans ces conditions, alors je peux valider le projet.

Dans ce type de scénario, j'ajoute des critères tels que la vacance locative ou la délégation à une agence de gestion (même si aujourd'hui, je fais la gestion en direct). Je regarde également comment se comportera la fiscalité si je passe à une tranche marginale d'imposition supérieure (je suis à 30 % aujourd'hui mais il est possible que je passe à la tranche supérieure lorsque mes enfants quitteront le foyer).

En plus de tout cela, j'intègre un facteur supplémentaire dans la partie des charges. Ce critère, je ne l'ai pas inventé. Il provient d'une discussion avec un autre investisseur. Lors de cette conversation, nous parlions du principe de dégradation d'un bien immobilier. De façon naturelle, un appartement ou un immeuble s'use. Une usure parfois accélérée par un locataire peu soigneux, mais quoi qu'il en soit, le phénomène de dégradation se produit. Pour pallier cette usure normale, il est indispensable d'effectuer une maintenance permanente. Cela est d'autant plus vrai concernant de biens entiers comme des immeubles ou des maisons.

Dans les deux bâtiments que nous possédons, nous avons des chaudières à gaz. Un entretien annuel est nécessaire et coûte environ 100 €. Au total, pour couvrir les frais totaux de maintenance, nous mettons en provision environ 10 % des loyers. Mais ce n'est pas tout. Malgré une excellente maintenance, tout élément ou équipement possède une durée de vie limitée. À un moment, il est nécessaire de remplacer. Pour revenir à nos immeubles, combien dure une toiture à votre avis ? Et un ravalement ?

Pour nous aider, nous avons utilisé un document préparé par une banque pour préciser la durée moyenne des éléments d'une construction (gros œuvre, toiture, équipement intérieur, etc.). Ensuite, il convient d'estimer le prix de ces grosses dépenses prévisibles et de diviser le montant trouvé par le nombre d'années de durée de vie. Dans un monde idéal, il faut réussir à provisionner ces sommes chaque année.

Pour aller plus loin :

- Durées de vie des éléments d'une construction – www.Invest-ImmoClub.com/Principe63

#64 – Parlez au voisinage

L'achat d'un bien se déroule en plusieurs étapes. L'une de ces étapes est la phase de vérification : lorsque vous avez repéré un appartement ou un immeuble qui vous plaît et avez signé un compromis de vente, vous entrez dans la phase de vérification. Personnellement, c'est à cette étape que je prends du temps pour creuser et croiser les sources, afin de revérifier tous les chiffres, les charges, les exigences administratives.

Un détail important pour moi est aussi de découvrir l'historique du bien et celui du quartier. Pour cela, rien de mieux que d'aller parler aux voisins. S'il s'agit d'un appartement, n'hésitez pas à aller sonner aux portes d'un ou deux voisins de palier ou des autres étages. Dites que vous êtes intéressé par l'appartement en vente et souhaitez savoir comment se passe la vie de l'immeuble. Demandez s'il y a eu des rénovations récemment. Questionnez sur la vie nocturne aux alentours. Peut-être ont-ils connaissance de voisins un peu bruyants ?

Si vous avez flashé pour un immeuble, allez parler aux habitants des maisons alentour. Demandez comment se passe la communication avec les locataires actuels. Ce qu'ils pensent de l'immeuble, peut-être aussi de l'ancien propriétaire…

Parfois, vous obtiendrez des informations complètement loufoques mais pleines d'enseignements. Prenez une petite heure pour faire cela, cela ne coûte pas grand-chose mais c'est très révélateur.

Pour aller plus loin :

- Liste de questions à poser lors d'une enquête de voisinage – www.InvestImmoClub.com/Principe64

5

APPLIQUEZ LES MÉTHODES EFFICACES POUR OPTIMISER VOTRE TEMPS

#65 – Trouvez un agent immobilier dans votre secteur d'investissement

[Témoignage d'un Immo-Preneur à Marseille]

Lorsque j'ai commencé à investir, j'essayais de tout faire pour éviter les agents immobiliers. De façon générale d'ailleurs, les gens ont un mauvais *a priori* concernant les agents immobiliers. Des « requins », des « gens qui se gavent de commissions sans faire grand-chose ». Je pensais également la même chose.

Depuis trois ans d'activité dans l'immobilier, j'ai rencontré beaucoup de ces professionnels et la conclusion que j'en tire est assez claire. La majorité des agents sont peu qualifiés sur les questions de l'investissement immobilier. Certains ont quelques notions. Par contre, les agents vraiment calés, ceux avec qui j'ai pu avoir des discussions sérieuses sur le sujet, se comptent sur les doigts d'une main. Après tout, on ne peut pas leur en vouloir. La plupart des transactions qu'ils sont amenés à gérer sont des dossiers de résidence principale.

Malgré tout, je me suis rendu compte qu'il est quand même difficile de se passer des agents. Même s'ils ne sont pas calés sur le sujet de l'investissement, les agents sont des alliés précieux.

Dans chaque nouvelle zone où je décide d'investir, je vais faire le tour des agences locales et je me présente avec mes critères stricts. C'est en expliquant mes critères de façon claire et en relançant souvent que j'ai réussi à développer des relations très fructueuses.

Les agents ont des oreilles partout et s'ils vous renseignent sur des affaires avant même qu'elles ne soient publiées sur le marché... c'est banco.

#66 – Définissez des actions et des tâches mesurables

Lorsque l'on débute (ou même plus tard), il est facile d'être débordé par le nombre d'étapes à valider lors d'une opération d'investissement dans l'immobilier.

Pour augmenter la probabilité de mener à bout cette aventure qui dure en général plusieurs mois, je vous recommande d'utiliser un des outils utilisés par les gestionnaires de projets complexes : le diagramme de Gantt.

Si le terme diagramme de Gantt vous est inconnu, il s'agit de découper un projet ou un processus en plusieurs petits sous-projets, appelés tâches. Le but est d'obtenir une représentation visuelle et simple du projet afin de se fixer des objectifs intermédiaires.

Dans le cadre d'un projet d'investissement immobilier, on peut regrouper les différentes tâches en cinq phases majeures :

- la phase d'analyse et de recherche (définition stratégie, analyse marché, visites…),
- la phase d'acquisition (simulation, promesse de vente, recherche de prêt…),
- la phase de rénovation (sélection artisans, choix de rénovation, suivi du chantier…),
- la phase de mise en location (diffusion de l'annonce, sélection locataire…),
- la phase de gestion (déclaration fiscale, maintenance, vie copropriété…).

Au sein de ces phases, pour chaque tâche, l'important est d'indiquer une dimension temporelle (un délai d'achèvement ou une fréquence) et un résultat souhaité.

Par exemple, au commencement de l'aventure, l'une des étapes est de faire des visites. Imposez-vous de faire deux visites par semaine et d'aller rencontrer au moins un agent immobilier en agence. Autre exemple, si vous réalisez des travaux, prévoyez un plan de chantier bien découpé en plusieurs tâches.

Les actions peuvent être sur le très long terme également. Personnellement, je me suis imposé, pendant toute mon aventure immobilière, de rencontrer un investisseur local par trimestre.

Pour aller plus loin :

- Check-list de 52 tâches pour baliser un investissement immobilier – www.InvestImmoClub.com/Principe66

#67 – Calculez votre salaire horaire

[Témoignage d'un Immo-Preneur près de Perpignan]

Comment faire pour calculer un taux horaire lorsque l'on est en CDI ? Cette approche peut paraître bizarre car nous sommes plus habitués à parler en salaire net par mois (ou en salaire brut par an).

Pourtant, sur votre fiche de paie apparaissent toujours une ligne « Heures travaillées » et une colonne qui indique la valeur de chaque heure. Ce chiffre est en quelque sorte votre salaire horaire brut. Cependant, en réalité, votre salaire horaire net est différent. Voici comment j'ai fait pour calculer le mien.

Premièrement, j'ai déterminé le nombre d'heures que je passe au bureau en moyenne chaque jour. Ainsi que mon temps de trajet aller-retour pour m'y rendre. Puis j'ai multiplié ce nombre d'heures par 21 (jours ouvrés en moyenne/mois) afin d'obtenir le nombre d'heures « dédiées » par mois à mon entreprise en échange de mon salaire. Enfin, j'ai tout simplement divisé mon salaire mensuel (net moyen) par ce nombre d'heures. Pour information, je suis arrivé à un taux horaire net de 12 €/heure.

Récemment, j'ai décidé d'appliquer ce même calcul pour mon activité d'investisseur immobilier, censée me dégager des revenus. D'abord, j'ai compté les heures passées en moyenne sur la totalité de mes investissements (par an, ce qui est plus pertinent que par mois). Dans cela je compte tout le temps investi. Du temps de recherche (passé sur Le Bon Coin, en visites), en passant par les périodes de négociation, les visites de chantier, la comptabilité, ou encore la gestion des locataires. Puis d'un autre côté, j'ai additionné le cash-flow annuel dégagé (avant impôts) auquel j'ai ajouté le capital remboursé pour les emprunts. J'ai divisé cette dernière somme par le nombre d'heures dédiées et j'ai obtenu un taux de 40 €/heure.

Vous vous demandez à quoi cela sert. Eh bien, lorsqu'il y a des choses à faire et que j'ai le choix entre les réaliser par moi-même ou déléguer, j'utilise ce taux horaire. J'essaie d'estimer le temps complet qu'il me faudra pour réaliser la tâche, puis je le compare au prix que cela me coûte de déléguer. La réponse est mathématique.

#68 – Dites-vous que l'immobilier est un jeu de long terme

Certaines personnes se lancent dans l'investissement en pensant que cela leur permettra de devenir riches rapidement. Malheureusement, cela n'est pas aussi facile. Déjà, que signifie la notion de richesse? Pour évaluer la richesse, on peut discuter en termes de patrimoine.

Cependant, il faut faire la distinction entre patrimoine brut et patrimoine net. Un investissement réalisé grâce à un emprunt (ce qui est recommandé) crée une dette dans votre bilan. Ce n'est qu'à l'issue de l'emprunt que la totalité de la valeur du bien s'ajoute à votre patrimoine net.

Ce qui est peut-être plus palpable, c'est la notion de revenu dégagé mensuellement. Là encore, la notion de richesse est très subjective. Disons que vous arriviez à dégager 150 €/mois sur 10 appartements (avant impôts), vous obtenez un revenu complémentaire mensuel de 1 500 €. Est-ce que cela fait de vous quelqu'un de riche? Peut-être pas... Mais à titre de comparaison, sachez qu'un tiers des salariés français gagnent moins de 1 500 € net/mois.

Ce que je recommande souvent aux gens, c'est d'identifier la somme dont ils auraient besoin pour vivre « confortablement » chaque mois. Pour certains, 3 000 € suffiront, pour d'autres 10 000 € est le minimum.

Pour moi, la notion de richesse est également indissociable de la notion de temps. Entre un salaire de 10 000 €/mois en travaillant

80 heures par semaine ou 2 000 €/mois avec une implication de 5 heures par semaine, je choisis la seconde option.

Au final, le plus dur dans l'immobilier est de rester persévérant. Entre les petits désagréments locatifs, les aléas de la fiscalité et les cycles économiques, il faut prévoir un plan de jeu sur le long terme. Avec, si possible, un plan de sortie.

#69 – Inspirez-vous des méthodes des pros

Dans l'immobilier, vous n'avez pas le droit d'agir comme un amateur. Au risque de faire des fautes qui peuvent vous coûter cher. Cela ne veut pas dire que vous devez déléguer systématiquement, mais plutôt que vos pratiques doivent être optimisées au maximum.

Pour apprendre à investir au mieux, vous pouvez vous former via des séminaires, des formations en ligne ou des livres. Les résultats sont en général au rendez-vous. Cependant, en complément de cela, j'ai appliqué une méthode pour aller plus loin. Je me dis que dans le monde de l'immobilier, il existe une multitude de professionnels ayant chacun une expertise sur un maillon de la chaîne.

Prenons le cas des administrateurs de biens. Ils doivent gérer des centaines de locataires simultanément, donc il est normal d'avoir établi des procédures pour optimiser cette activité. Par exemple, ils ont des réseaux d'artisans pré-qualifiés pour les interventions de maintenance d'urgence. Certains administrateurs se sont équipés de systèmes de dématérialisation de baux et d'états des lieux pour fluidifier les entrées et sorties de locataires. La beauté de notre société numérique fait que ces mêmes outils sont aujourd'hui disponibles pour des particuliers. Donc, je les ai intégrés dans ma pratique.

Autre exemple, avec les offices HLM. Lorsqu'ils doivent effectuer des rénovations, ces organismes lancent des appels d'offres dans lesquels ils détaillent exactement ce que les entreprises devront inclure dans le devis, ainsi que de nombreuses conditions annexes. Le but d'un office HLM est d'obtenir le meilleur rapport durabilité/prix. En feuilletant ces appels d'offres, vous pouvez trouver de très bonnes idées pour vos propres projets.

Enfin, dernier exemple à propos des agents immobiliers. Les plus efficaces mettent au point des méthodes standardisées pour publier en ligne des annonces accrocheuses. Soyez curieux et posez des questions pour savoir comment font les pros de l'immobilier. Puis essayez d'intégrer cela dans votre activité.

Pour aller plus loin :

- Outils pour faciliter la rédaction de baux et la réalisation d'états des lieux – www.InvestImmoClub.com/Principe69

#70 – Plus vous cherchez, plus vous trouvez

[Témoignage d'un Immo-Preneur à Saint-Étienne]

C'est d'une logique implacable ! En effet, il faut provoquer votre chance. La fameuse bonne affaire ne vous attend pas gentiment au coin de la rue.

Il est probable qu'à un moment, par dépit, vous allez vous convaincre que vos critères sont trop drastiques. Vous allez alors chercher à baisser vos critères car, bon sang, il vous faut faire cet investissement !

À ce moment précis, il faut changer de mentalité. Si vous ne trouvez pas d'opportunités correspondant à vos critères, ce n'est pas parce qu'elles n'existent pas. C'est parce que vous ne cherchez pas assez (ou pas correctement). Il convient alors de préparer un plan pour devenir plus efficace :

- augmentez le nombre d'annonces analysées quotidiennement,
- faites le tour de plusieurs agences (trois minimum) et identifiez le bon interlocuteur,
- consacrez deux demi-journées par semaine pour effectuer des visites,
- faites des relances régulières,
- etc.

Même si vous commencez, il est possible de monter en puissance rapidement. Au départ, je me rappelle, je faisais mes recherches devant mon ordinateur sur Le Bon Coin et Castorus, deux sites internet très puissants pour trouver des biens immobiliers partout en France. Je trouvais des choses plus ou moins intéressantes mais jamais d'excellentes affaires (mon critère principal était de trouver des biens avec un minimum de 10 % de rentabilité brute). Puis j'ai commencé à faire quelques visites de biens moyennement intéressants.

En un mois, j'ai dû rencontrer une demi-douzaine d'agents immobiliers sur la zone. Avec deux d'entre eux, le feeling est très bien passé. Je leur ai expliqué ce que je cherchais exactement. Puis un jour, j'ai fait deux ou trois visites avec l'un de ces agents. Toujours pas la perle rare mais, maintenant, j'avais un allié avec moi pour la trouver.

La semaine suivante, je l'ai recontacté pour savoir s'il avait de nouveaux biens et, apparemment, un compromis signé deux mois auparavant venait de tomber à l'eau. Le propriétaire, fatigué, était prêt à consentir une baisse substantielle du prix. Le bien était à 9,5 % de rentabilité brute mais avec du cachet et bien placé, proche des transports. C'est comme cela que j'ai effectué ma première acquisition.

Depuis, je suis perpétuellement en recherche active. Je passe toujours beaucoup de temps sur Le Bon Coin et Castorus mais avec un objectif précis : appeler au moins quatre annonces par semaine (mardi matin et jeudi matin) et faire une visite par semaine (le samedi matin idéalement).

Pour aller plus loin :

- Deux vidéos pour optimiser l'utilisation de Le Bon Coin et Castorus – www.InvestImmoClub.com/Principe70

#71 – Formez-vous, toujours

[Témoignage d'un Immo-Preneur en région parisienne]

Comme suggéré dans un autre paragraphe de ce livre [Principe #78], l'investissement requiert de passer à l'action car c'est une science de terrain. Mais il ne faut pas oublier de se former car certaines connaissances vous permettront d'éviter des erreurs grossières. Certaines sont d'ailleurs tellement grossières qu'elles pourraient remettre en question la viabilité de votre investissement !

Le duo action-formation, qui est synonyme de pratique-théorie, est indispensable pour réussir dans l'immobilier. Pour cela, vous avez plusieurs sources. D'abord, les livres qui permettent d'assimiler les grands concepts. Puis les sites d'informations sur internet qui donnent un contenu souvent plus à jour ou plus varié.

Quand vous dialoguez avec des professionnels de l'immobilier, soyez également très curieux et posez beaucoup de questions. Leurs connaissances sont souvent très pointues dans leurs domaines de compétence. Enfin, partagez votre expérience et découvrez celles des autres en vous rapprochant d'autres investisseurs immobiliers.

Par contre, ne faites pas mon erreur. De profil ingénieur, j'ai l'habitude de vouloir tout cadrer et tout border avant de lancer un projet. Du coup, en l'espace d'un an, j'ai acheté quatre formations sur des blogs immobiliers. Une sur la colocation, une sur la location saisonnière, une sur la division et enfin une autre sur le concept des SCI. Chacune de ces formations m'a appris beaucoup de choses, mais au bout du compte, je ne savais pas trop par quelle stratégie commencer...

Du coup, je vous recommande d'investir d'abord sur des cours enseignants les bases et de passer à l'action rapidement en vous focalisant sur une stratégie. Puis, au fur et à mesure, vous pouvez toujours vous offrir des formations complémentaires.

Pour aller plus loin :

- Liste des formations recommandées sur Internet – www.InvestImmoClub.com/Principe71

#72 – Pensez à investir à plusieurs

[Témoignage d'un Immo-Preneur dans l'Hérault]

Dans l'entrepreneuriat, il y a des gens qui se lancent seuls. C'est souvent le cas des artisans, des professions libérales ou des petits commerçants. Mais il y a également beaucoup de personnes qui démarrent l'aventure entrepreneuriale à plusieurs. En partenariat. En tant que cofondateurs. À votre avis, pourquoi ?

Pour ma part, je crois beaucoup au proverbe « Seul on va plus vite, à plusieurs on va plus loin ». J'ai commencé mon premier investissement seul et cela m'a permis de me former sur tous les aspects de l'immobilier. Mais aujourd'hui, je réalise des opérations en partenariat car cela présente quantité d'avantages.

Premièrement, il faut venir à l'évidence que vous ne pouvez pas être le meilleur dans tous les domaines. Monter un partenariat, c'est avant tout chercher des complémentarités. Certaines personnes sont bonnes en travaux et en finances, d'autres sont meilleures en négociation ou en relationnel.

Ensuite, réaliser des projets à plusieurs c'est également accéder à des projets de plus grande envergure. À la fois en termes financiers, mais également en termes de temps. C'est particulièrement bénéfique pour accélérer votre activité d'investisseur, car ce sont les gros projets qui sont les plus rentables.

Enfin, psychologiquement, investir en groupe permet de rompre la solitude et de créer une émulation. Et il se trouve qu'au final, ce facteur-là est presque le plus important. Surtout quand il y a des coups durs.

Pour réaliser des partenariats, il existe plusieurs véhicules. Les SCI (à l'IS ou IR), les SARL familiales ou même parfois les SAS. Et si vous hésitez à vous lancer dans une alliance, car cela va mathématiquement diviser vos recettes, pensez à cette phrase que je me répète souvent : « Il est préférable de gagner 20 % de plusieurs gros gâteaux que 100 % d'un petit » !

Pour aller plus loin :

- Témoignage d'un jeune investisseur ayant acquis 40 lots en partenariat – www.InvestImmoClub.com/Principe72

#73 – Trouvez un mentor

Dans la mythologie grecque, Mentor est le précepteur de Télémaque et l'ami d'Ulysse. Aujourd'hui, le nom de mentor est défini comme un « conseiller expérimenté, attentif et sage auquel on fait confiance ».

Concrètement, le « mentorat » reprend le concept de partage « maître-disciple » qui fut populaire durant l'Antiquité ou la Renaissance. Aristote était le disciple de Platon, lui-même ayant été le disciple de Socrate. Quand on voit la chaîne relationnelle existant entre ces trois brillants cerveaux, on comprend la puissance du mentorat. En France, pourtant, cela n'est pas très courant. Aujourd'hui, ce sont surtout les Anglophones (sans oublier les Québécois francophones) qui sont adeptes de ce système d'entraide.

Mais comment faire pour trouver un mentor ? Cela est en réalité plutôt subtil. En effet, il est difficile de demander directement à quelqu'un : « Voulez-vous devenir mon mentor ? ». En fait, il faut commencer par rencontrer des personnes ayant de l'expérience dans la voie que vous souhaitez prendre. En offrant un verre, par exemple. Ou en demandant à discuter par téléphone pour en apprendre plus sur l'expérience de la personne. Puis, lors de ce premier contact (assez facile généralement, les gens aiment bien raconter leurs histoires), il faut voir si le feeling passe. Le plus important est de détecter si la personne semble disposée et heureuse de transmettre son expérience.

Puisque la relation de mentorat se fait sur le mode du bénévolat, il faut comprendre ce que le potentiel mentor peut y gagner. Souvent, le seul fait d'enseigner ses connaissances à une personne motivée suffit, la transmission étant un moteur puissant dans les relations humaines. Mais parfois, par manque de temps ou par méconnaissance du mentorat, il faudra plus d'efforts pour lier une relation avec une personne expérimentée.

Une stratégie peut alors consister à proposer à l'investisseur qui vous inspire de l'aider « bénévolement », par exemple, avec une phrase du type : « Je suis vraiment motivé(e), votre expérience m'inspire beaucoup. Est-ce que, dans votre activité, il y aurait des tâches que vous pourriez me déléguer pour vous faire gagner du temps ? J'ai des disponibilités en ce moment, donc je pourrais m'y atteler de façon bénévole. Et pour moi, c'est une excellente manière de me former à l'investissement immobilier sur le terrain, auprès d'une personne d'expérience ».

Vous verrez, cela peut paraître un peu fou de prime abord, mais au final les gens sont plutôt généreux. Et cette générosité augmente avec l'âge.

#74 – Mettez en place des procédures

[Témoignage d'un Immo-Preneur vivant au Luxembourg]

Dans son best-seller *La semaine de 4 heures*, Tim Ferriss explique une chose très importante. Afin d'optimiser tout projet entrepreneurial, vous ne devez pas travailler DANS votre entreprise mais SUR votre entreprise. Puisque l'activité d'investisseur immobilier est en de nombreux points comparable à celle d'un entrepreneur, voyons ce que cette distinction signifie.

Travailler SUR votre entreprise signifie mettre des procédures en place pour essayer d'automatiser les activités, afin qu'elles puissent tourner SANS votre présence. Le but est d'insérer des étapes de vérification pour garder la maîtrise et le contrôle. En agissant de la sorte, vous réduisez votre temps de travail et améliorez ainsi votre taux horaire. Vous pouvez partir en vacances et profiter plus facilement de votre temps libre. Cela permet également de déléguer avec plus de confiance. Et surtout, si vous le souhaitez, de développer le volume de transactions plus rapidement.

Prenons l'exemple des travaux. Sur mon premier investissement (deux petits studios à Metz), j'avais voulu faire par moi-même, pour apprendre. Lors du projet suivant (un T3 pour faire de la colocation), j'ai décidé de déléguer à trois artisans car je n'avais plus trop le temps. Néanmoins, je tenais à coordonner les travaux. Cela m'a pris finalement beaucoup plus de temps que je pensais car les artisans n'étaient pas autonomes.

Sur le projet qui a suivi (petit immeuble avec trois T2), j'ai décidé de prendre un maître d'œuvre. Le contact est très bien passé avec cette personne et devant ma curiosité, il a bien voulu me montrer les procédures qu'il utilisait. Par exemple, il imposait aux artisans des « livraisons de chantier » intermédiaires. Cinq en tout pour notre chantier de deux mois. Il m'a également montré comment il préparait un plan général et un planning multi corps d'état en amont du chantier, afin d'avoir tout le monde sur la même longueur d'onde. Pour cela, il suffit juste d'un petit logiciel de plan en 2D et de quelques feuilles de tableur.

Pour ma part, je suis devenu un maniaque des procédures et des check-lists. Pour être sûr de ne rien oublier, j'ai une check-list pour l'entrée des locataires, une autre pour la gestion des dégâts dans mes appartements. Et pour ce faire, je me suis inspiré des méthodes de professionnels dans chaque domaine (j'ai copié les procédures d'un ami gestionnaire locatif pour les deux check-lists mentionnées...).

#75 – Utilisez les outils technologiques

Quel genre de téléphone utilisez-vous aujourd'hui ? Combien de temps passez-vous sur Internet chaque jour ? Je ne connais pas votre réponse précisément, mais j'imagine que la technologie fait partie intégrante de votre vie, que ce soit dans la vie privée ou dans la sphère professionnelle. Certains diront que la technologie porte en elle beaucoup d'éléments négatifs. Personnellement, je suis un grand fan du progrès technique. Pourquoi ? Principalement, parce que cela permet de gagner du temps. Et le temps est ma ressource la plus précieuse. Plus précieuse que l'argent encore.

Chaque jour, de nouvelles start-ups créent des outils dans le domaine de l'immobilier. En particulier, pour les acteurs non professionnels tels que nous autres, propriétaires-bailleurs particuliers. Derrière des fonctionnalités d'automatisation, de communication sociale ou d'enregistrement dans le cloud, tout est fait pour optimiser notre temps.

Cela concerne aussi bien les phases de recherche, pour faciliter l'identification de bonnes affaires, que la phase d'analyse, à l'aide de simulateurs en ligne. Il existe des outils pour estimer un devis de rénovation en quelques clics. Ou encore des services pour accélérer la gestion de vos biens et faciliter vos déclarations fiscales. Bien sûr, tout n'est pas gratuit et il faudra faire vos calculs pour voir si cela est rentable. Mais vous verrez, dans certains cas, ces outils semi-automatiques pourront vous aider à vous passer de certains intermédiaires.

Pour aller plus loin :

- Liste d'outils pour estimer le montant d'une rénovation – www.InvestImmoClub.com/Principe75

#76 – Lisez un livre par mois

Investir dans vous-même est sans doute la meilleure des dépenses que vous puissiez faire. Celle qui vous procurera le plus haut retour sur capital. En d'autres termes, cela signifie : formez-vous ! Dans le domaine de l'investissement, c'est d'autant plus important que certaines connaissances vous permettront de gagner (ou d'économiser) des milliers d'euros. Malheureusement, dans ce domaine, trop peu de gens prennent le temps de se former (c'est d'ailleurs pour cela qu'il y a tant de fausses idées qui circulent).

D'un côté, c'est une aubaine, car en lisant une demi-douzaine de livres bien sélectionnés (un livre par mois pendant six mois), vous en saurez davantage que la majorité de la population. Professionnels de l'immobilier compris ! Dans ce livre, nous parlons investissement immobilier donc, bien évidemment, je vous recommande de lire des ouvrages spécifiques sur le sujet. Mais n'oubliez pas de lire des livres plus généraux, sur l'investissement et la psychologie de l'argent notamment. Car, avant la technique, c'est souvent la remise en question de nos schémas psychologiques qui nous permet d'avancer.

Si vous me demandiez mon avis, voici ma sélection de six livres que je vous conseillerais de lire dans les six prochains mois :

- *Les Secrets de l'Immobilier* de Charles Morgan
- *Comment Je me Suis Constitué un Patrimoine de Plusieurs Millions d'Euros...* de Goulwenn Tristant
- *Père Riche, Père Pauvre* de Robert Kiyosaki
- *Influence et Manipulation* de Robert Cialdini
- *Miracle Morning* de Hal Elrod
- *Stratégies pour Devenir Rentier en 10 ans* de Philippe Proudhon

#77 – Identifiez la Position, l'Objectif et le Besoin du vendeur

[Témoignage d'un Immo-Preneur à Niort]

L'acquisition immobilière est un jeu de négociation entre un vendeur et un acheteur. Et j'adore ce jeu.

La chose la plus intéressante pour moi est l'aspect psychologique qu'une transaction immobilière implique. Bien souvent, le débat se concentre sur l'aspect financier. Mais au final, j'ai compris que cet aspect cache toujours quelque chose de plus profond. Quelque chose qui est lié à un besoin (souvent personnel) du vendeur. En fait pour chaque partie, il y a généralement trois degrés à identifier :

- la Position,
- l'Objectif,
- le Besoin.

La Position c'est le prix et l'attitude que le vendeur adopte. La position est souvent affichée. La Position aide le vendeur à se mettre dans les meilleures dispositions pour atteindre son Objectif. Mais cet Objectif est souvent différent de la Position.

Récemment, j'ai fait une acquisition dans laquelle un T4 était affiché à 120 000 €. Seulement, l'Objectif réel du vendeur était de réussir à vendre au moins 110 000 €. Pourquoi ? Car il estimait que 110 000 € était le prix du marché, un voisin ayant vendu à ce prix quelques mois auparavant un bien équivalent. De plus, cela lui permettait de faire une plus-value de 20 % par rapport à l'achat, le confortant dans son idée d'avoir réussi une bonne affaire.

Cependant, derrière cet Objectif se cachait en réalité un Besoin. Le vendeur était muté dans une autre ville et avait déjà trouvé un nouvel appartement là-bas. Il avait Besoin de 80 000 € pour finaliser la transaction. Dans cet exemple, on voit que la Position et l'Objectif sont négociables. Le Besoin, lui, est souvent le seuil de rupture.

Le but quand je rencontre un vendeur (ou son agent) est de réussir à déterminer son Besoin. Pourquoi doit-il vendre ? Comment va-t-il utiliser l'argent de la vente ? Cela fait beaucoup de questions, mais au final, cela me permet d'aller au plus près de la somme réellement nécessaire. Mon but étant d'« aider » le vendeur à satisfaire son Besoin.

#78 – Passez à l'action

[Témoignage d'un Immo-Preneur dans le Finistère]

L'action est ce qui sépare le rêveur d'une personne qui réussit. Comme le dit Confucius : « Chaque voyage commence par un premier pas ». Chaque fois que vous faites un petit pas, vous ouvrez une nouvelle porte derrière laquelle se trouvent des opportunités (mais aussi des menaces) qui n'étaient pas visibles avant d'ouvrir la porte.

Concernant les opportunités, il faudra être réceptif et réactif pour parvenir à les saisir. Au départ, lorsque je me suis intéressé à l'immobilier et que je voyais les récits de personnes sur Internet, j'avais l'impression qu'elles avaient beaucoup de chance. Ce dont je ne me rendais pas compte, c'est que cette chance apparente était souvent le fruit d'opportunités mûrement provoquées.

Un investissement immobilier comprend de nombreuses phases (recherche, négociation, achat, financement, rénovation, mise en location, gestion, déclaration fiscale, etc.) et, au départ, je voulais tout comprendre et évaluer tous les problèmes qui pourraient m'arriver à chaque phase. Peut-être une déformation due à mon côté scientifique.

Puis, au bout de six mois à stagner de formation en formation, de blog en blog, j'ai décidé de passer à l'action. J'ai tranché sur une stratégie (un studio dans une ville balnéaire pour de la location courte durée) et j'ai commencé à visiter. Au fur et à mesure, j'ai rencontré quelques obstacles mais j'ai rapidement appris à les contourner. Notamment, grâce à un coach dont j'avais payé les services afin de m'épauler. Avec le recul, je sais que j'ai fait quelques erreurs d'optimisation. Mais au final, j'ai réussi un premier investissement rentable, qui génère un petit peu de cash-flow. Un résultat de bon augure pour mes prochains projets !

Tous les fantasmes que j'avais au préalable se sont dégonflés au fur et à mesure des étapes. Bon, après, c'est sûr, seul le temps nous dira si cet investissement est vraiment aussi intéressant en réel que sur les simulations sur papier, mais le plus important c'est d'avoir fait le premier pas. Après quatre mois de passage à l'action, j'ai appris beaucoup plus que pendant les six mois consacrés à ma formation purement théorique.

#79 – Développez des méthodes de calcul rapide

L'important pour faire la bonne affaire est de voir beaucoup d'annonces, de visiter beaucoup de biens et de parler avec beaucoup de personnes.

Aussi, pour digérer rapidement les données que vous amassez, il est intéressant de connaître certains chiffres de base par cœur ou d'avoir des formules faciles à faire tourner dans votre tête.

Voici quelques chiffres à connaître sur votre localité cible :

- le prix d'achat moyen au m^2 ;
- les loyers moyens d'un studio T1, d'un T2 et d'un T3 ;
- le montant d'une échéance mensuelle pour un prêt de 100 k€ sur 20 ans avec les taux du moment ;
- la formule des 10 %. Pour atteindre une rentabilité de 10 % (une rentabilité minimale recherchée par beaucoup d'Immo-Preneurs), il ne faudra pas acheter le bien plus de 100 fois le montant d'un loyer mensuel. Exemple : avec un loyer potentiel de 1 000 €, il faudra payer maximum 100 k€ (frais de notaire et travaux inclus).

Pour aller plus loin :

- Les formules mathématiques de base de l'Immo-Preneur – www.InvestImmoClub.com/Principe79

#80 – Inscrivez-vous à l'UNPI

[Témoignage d'un Immo-Preneur à Lyon]

Savez-vous qu'il existe une association très importante en France qui soutient les propriétaires immobiliers ? Une association centenaire qui regroupe des dizaines de milliers de membres sur tout le territoire français ? J'ai commencé à investir dans l'immobilier il y a 10 ans et j'ai découvert l'Union nationale de la propriété immobilière (UNPI) il y a seulement deux ans. Honnêtement je ne sais pas comment j'ai pu faire avant.

En fait, il y a deux ans, j'ai connu un litige sur la transaction d'un appartement. Quelques semaines après la remise des clés, j'apprends que le bien est mis en demeure de péril. Bref, une sale histoire. Par chance, je n'avais jamais eu de gros litiges au niveau juridique avec mes investissements… jusque-là. Complètement dépassé par la chose, je me mets en quête d'un avocat spécialiste de l'immobilier avant qu'une connaissance me conseille l'UNPI.

Après quelques échanges avec les permanents de la Chambre locale (Lyon), j'apprends que pour une cotisation d'une centaine d'euros par an, je pouvais avoir des conseils juridiques illimités, prodigués par des professionnels (huissiers, avocats, notaires…) affiliés à l'association.

Plus de dix rendez-vous et quelques mois plus tard, j'avais un dossier en béton. Bien sûr, pour le passage au tribunal, j'ai dû faire appel à un avocat et payer les honoraires classiques. Mais tout le travail de fond, facturé habituellement à l'heure et très cher, avait été effectué pour le prix d'une cotisation à l'UNPI.

La cerise sur le gâteau ? La cotisation est déductible de vos impôts. Merci l'UNPI !

Pour aller plus loin :

- Liste des Chambres locales de l'UNPI en France – www.Invest-ImmoClub.com/Principe80

#81 – Trop d'information tue l'information

L'investissement immobilier s'apprend en grande partie dans la durée. N'essayez pas de tout apprendre de façon théorique, au risque de rester paralysé. Il existe de nombreuses raisons pour ne pas passer à l'action et l'excès d'information en fait partie. À force de discuter fréquemment avec des investisseurs débutants, je me rends compte que pour certains, il est difficile de passer à l'action. Comme si des forces mystérieuses les retenaient.

J'ai même rencontré des gens qui étaient littéralement des experts sur tous les sujets et toutes les phases de l'immobilier (connaissant de nombreuses choses que j'ignorais) mais qui n'avaient JAMAIS investi dans un seul bien. Leur savoir théorique était immense, mais jamais mis en pratique. Pour vous illustrer ce point, je voudrais vous présenter deux personnes.

La première s'appelle Lisa. Lors d'échange par e-mail suite à l'inscription à l'une des formations Invest Immo Club, Lisa m'a confié qu'elle avait un problème. À trop vouloir verrouiller et contrôler, elle se retrouvait à chaque fois prise dans une spirale de simulations sans fin et prenait un temps fou avant de faire une offre d'achat. À force de chercher la petite bête, de faire varier toutes les données secondaires, les opportunités étaient saisies par d'autres investisseurs.

La deuxième personne est Jean-Michel. Jean-Michel est une personne de mon cercle de connaissances qui est passionnée par l'immobilier depuis cinq ans et avec qui nous échangeons régulièrement. Il souffre du syndrome de la « girouette ». Dès qu'il tombe sur une « nouvelle-stratégie-unique » partagée par quelqu'un sur Internet, il m'en parle avec enthousiasme. À chaque fois, il se renseigne à fond sur le sujet et n'hésite pas à s'inscrire aux séminaires proposés. Mais lorsque je lui demande où il en est, il me répond toujours : « *Je ne me suis toujours pas décidé sur la stratégie que je vais poursuivre* ». En fait, plus il s'informe, plus il s'éloigne du passage à l'action. À force de vouloir courir trop de lièvres en même temps, Jean-Michel ne sait plus dans quelle direction aller et il se retrouve bloqué.

Si vous souhaitez évitez de devenir comme Lisa et Jean-Michel, n'hésitez pas à vous entourer d'une tierce personne qui vous aidera à faire des choix. Par exemple en trouvant un mentor (cf Principe #73)

#82 – Renseignez-vous toujours sur la loi

[Témoignage d'un Immo-Preneur francilien]

La meilleure façon de gagner un jeu est d'en apprendre les règles. Puis de découvrir comment les utiliser au mieux. Personnellement, je vois l'immobilier comme un jeu. C'est peut-être pour cela que j'ai toujours été un grand fan du Monopoly !

Dès le départ j'ai donc essayé de comprendre les mécanismes du jeu de l'investissement immobilier. Et surtout de les maîtriser. Mais pour essayer d'avoir un coup d'avance, je me suis dit qu'il serait intéressant de remonter aux règles originelles. En d'autres termes : les lois ! Les lois au niveau national, ayant un impact sur les aspects fiscaux ou les relations locataires-propriétaires, mais également les décrets plus locaux, telles que les décisions en matière d'urbanisme

En passant par les aspects juridiques juridiques des dossiers de succession ou des litiges d'assurances.

Plus j'apprends la loi, plus je détecte des opportunités pour faire de bonnes affaires.

D'après moi, la loi peut être vue sous deux angles différents. Soit vous la subissez (si vous ne la maîtrisez pas bien), soit vous l'utilisez à votre avantage. Pour autant, je n'ai jamais fait d'études en droit. Mon seul livre d'enseignement fut le site officiel du législateur français. Grâce à cette ressource gratuite, vous avez accès aux textes officiels. Un peu perdu au début, à cause de tout le vocabulaire spécifique, j'ai vite appris à en tirer l'essentiel.

Et pour compléter cette source de première main, je vous recommande également le site du Bulletin officiel, qui complète les textes de lois (parfois flous) avec des exemples d'applications concrètes.

Pour aller plus loin :

- Liste des sites gratuits pour accéder aux textes de lois officiels – www.InvestImmoClub.com/Principe82

#83 – Négociez avec la technique du point médian

Êtes-vous déjà allé dans un souk d'Afrique du Nord ? Dans cet environnement étroit, très mouvementé, à l'ombre du soleil écrasant où règne une atmosphère de fourmilière, il règne une ambiance dominée par les marchands, au sens noble du terme. Des personnages qui respirent la fibre commerciale. Et pour qui la négociation semble innée. Bien évidemment les produits en jeu sont beaucoup moins onéreux (et complexes) qu'un bien immobilier. Cependant, les mécanismes de négociation sont assez similaires.

J'adore le jeu du marchandage et je vais vous donner une technique que j'utilise. Elle est issue d'une phrase que mon père me disait : « Ne fais jamais la première offre, laisse l'autre proposer quelque chose d'abord ». C'est un excellent conseil mais savez-vous pourquoi ?

Premièrement, cela vous permet de fixer le point médian. En effet, c'est une tendance commune que les gens ont de vouloir couper la poire en deux.

Par exemple, si une personne commence par proposer 200 € pour lancer la négociation et que la partie adverse entame les discussions avec 100 €, il y a de fortes probabilités pour que la négociation se termine autour de 150 € (le point médian). C'est un comportement humain naturel de ne pas vouloir concéder plus que ce que l'on obtient. Du coup, à chaque proposition et contre-proposition, les deux parties diminuent (ou augmentent) leurs offres du même montant que l'autre partie. Ainsi, si vous laissez parler votre interlocuteur en premier, vous avez le pouvoir de choisir le point médian de la négociation. Dans l'exemple précédent, si le vendeur demande 200 €, l'acheteur peut alors proposer 60 €, réduisant le point médian à 130 €. Si, au contraire, c'est l'acheteur qui avait proposé 100 € en premier, le vendeur aurait pu demander 260 € afin d'obtenir un prix final autour de 180 €. Comme vous pouvez le voir, la personne qui propose en premier est désavantagée par rapport à celle qui attend.

Deuxièmement, il est également possible que l'offre émise par votre interlocuteur soit meilleure que la première offre que vous auriez faite.

Par exemple, disons que vous avez besoin d'un plombier. À la vue du travail demandé, le plombier fait ses petits calculs dans sa tête et imagine vous facturer autour de 300 €. Un peu ignorant sur la quantité du travail requis, vous préférez cependant limiter les coûts et annoncez que vous avez une enveloppe de 500 € maximum (en espérant qu'il ne va pas vous demander plus que cela). En entendant cela, il est clair que ce plombier, aussi intègre soit-il, à très peu de raisons de vous faire un devis beaucoup moins cher que 500 €. En déclarant votre position en premier, vous avez donné une information capitale à votre interlocuteur (le prix maximum) et il pourra utiliser cette information pour obtenir le plus d'argent possible de votre part.

#84 – Discutez avec les petits commerçants

[Témoignage d'un Immo-Preneur en Franche-Comté]

Connaissez-vous les « indics » préférés des agents immobiliers ? Ce sont les gardiens d'immeuble et les coiffeurs ! C'est ce que j'ai appris en fréquentant régulièrement les meilleurs agents immobiliers dans les trois villes où j'investis (Besançon, Dijon et Montélimar). La raison est simple, ces personnes sont dans les confidences de nos concitoyens.

Je ne voudrais pas faire de clichés mais avez-vous déjà passé quelques minutes dans un salon de coiffure ? Surtout un salon fréquenté par une gent principalement féminine ? Vous pourriez être étonné de la précision avec laquelle certaines personnes déballent leurs histoires personnelles. C'est souvent sans grand intérêt, mais parfois, cela peut valoir de l'or.

Personnellement, je n'aime pas déballer ma vie. Quand je suis en face d'un inconnu qui commence à vouloir me parler, à me raconter sa vie ou me questionner sur la mienne, je préfère généralement couper court. Mais chez le coiffeur, c'est différent. Pour tout vous avouer, j'ai d'ailleurs pris l'habitude d'aller me faire couper les cheveux chez différents coiffeurs, tous localisés dans le cœur des trois villes où j'investis. À chaque fois, je leur parle (rapidement) de mes dernières opérations et des potentiels critères de recherche que j'ai. Je demande également s'ils n'ont pas entendu parler récemment de clients cherchant à vendre. Je peux vous assurer que ces informations ne tombent pas dans l'oreille d'un sourd.

Pour extrapoler un petit peu cette remarque, j'ai pour habitude également de faire un petit tour des commerces présents dans le quartier où je vise un nouveau bien. Histoire d'avoir un ressenti sur la vie aux alentours, les projets d'urbanisme en cours, les problèmes existants. Je vous le dis, la connaissance d'un marché ne passe pas que par les chiffres.

6

ADOPTEZ LE MENTAL DES IMMO-PRENEURS À SUCCÈS

#85 – Collaborez avec les bons partenaires

L'immobilier implique de nombreuses collaborations humaines. Il est donc insensé de vouloir avancer seul. L'idéal est d'essayer de trouver de bons partenaires avec qui vous établissez des relations de long terme.

Cela commence avec un agent immobilier. Puis un vendeur. Il y a également le notaire et le courtier ou le banquier. Pensez également aux artisans ou entrepreneurs lors de la phase de rénovation. Ou encore les services administratifs. Enfin, le locataire est sans aucun doute le plus important des partenaires. Parfois, vous pouvez également investir à plusieurs et dans ce cas, vous devez composer avec votre co-investisseur.

Pour chaque interlocuteur, essayez de comprendre réellement quels sont ses intérêts et surtout sa motivation. Cela vous permet de mieux collaborer et d'aboutir à des relations gagnant-gagnant. Par exemple, quel est l'intérêt d'un agent immobilier ? Faire une vente le plus rapidement possible. Pour cela, il doit s'assurer d'avoir un acheteur qui honorera le compromis de vente et qui réussira à obtenir le financement bancaire.

Pour bien collaborer, il vous faut réussir une chose : établir une communication bienveillante (en essayant de faciliter la vie de votre interlocuteur pour l'aider à atteindre ses propres objectifs) et fréquente (plus vous avez de contacts avec une personne, plus la relation se renforce). Prenez donc un peu de temps pour essayer de maîtriser les concepts de la communication interpersonnelle.

#86 – N'abandonnez pas

[Témoignage d'un couple d'Immo-Preneur dans la Loire]

« Ce qui ne me tue pas me rend plus fort », disait Nietzsche. Je trouve que cela est tout à fait applicable au domaine de l'investissement immobilier. Y a-t-il vraiment quelque chose qui peut me tuer dans l'investissement immobilier ?

Un jour j'ai réfléchi aux vrais risques encourus en tant qu'investisseur immobilier agissant de manière réfléchie et méthodique. En creusant bien, je me suis alors rendu compte que ces risques étaient relativement faibles. Concrètement, le plus gros risque que j'ai identifié est de perdre un bien suite à une catastrophe. Un incendie ou une inondation, par exemple. Dans ce type de situations extrêmes, les assurances sont habituellement là pour vous couvrir, mais on ne sait jamais.

À part cela, je ne voyais pas d'autres risques majeurs :

- un loyer impayé ? J'ai une assurance « garantie loyers impayés » et surtout un matelas de trésorerie pour pouvoir couvrir l'ensemble de mes mensualités pendant au moins 10 mois,
- un problème entre voisins dans le même immeuble ? J'ai déjà eu le cas et j'ai simplement proposé une indemnité d'éviction (qui a été acceptée) pour faire partir le locataire un peu pénible,
- une perte d'emploi ? Mes trois immeubles génèrent un cash-flow positif,
- un éclatement de la bulle immobilière ? Les prix d'achat/vente peuvent varier beaucoup (20-30 %) mais les prix des loyers sont historiquement peu volatils. Dans le cas d'une baisse des prix

immobiliers, il me suffit de conserver mes biens jusqu'à une remontée de prix (similaire à la stratégie que j'utilise en bourse).

Au final, je me suis dit que le risque majeur (incendie ou catastrophe naturelle) devait avoir une probabilité moindre que celle d'avoir un accident de voiture. Donc, puisque je n'abandonne pas la conduite, je n'ai aucune raison d'abandonner l'investissement immobilier !

D'après moi, le vrai risque est de ne pas investir (que ce soit dans l'immobilier ou autre) et de dépendre exclusivement d'un emploi et d'un salaire.

#87 – Écrivez votre objectif et affichez-le sur votre fond d'écran

[Témoignage d'un Immo-Preneur d'Angers]

« Il n'y a pas de bon vent pour celui qui ne sait pas où il va », écrit Sénèque. Cette maxime est particulièrement vraie dans l'immobilier car il existe une multitude de possibilités et de stratégies d'investissements :

- Investir pour louer ou pour revendre ?
- Investir pour se constituer un capital ou pour générer du cash-flow rapidement ?
- Choisir des petites surfaces résidentielles ou des locaux commerciaux ?
- Investir seul ou à plusieurs ?
- Déléguer la totalité du processus ou faire par vous-même ?
- etc.

La majorité des réponses à ces questions dépendent de votre profil de risque, de votre situation familiale, de votre âge, de votre motivation, de votre situation financière ou de vos compétences propres.

Et lorsque vous vous formez, vous pouvez facilement être tenté d'explorer les dizaines de stratégies présentées par différentes personnes. C'est exactement ce qui m'est arrivé au début. J'ai commencé par suivre de nombreux blogueurs sur Internet, puis j'ai fait l'acquisition de plusieurs livres spécialisés. Au bout de six mois, je me suis laissé convaincre par deux formations en ligne. Certes, le prix était assez conséquent, mais le contenu était vraiment très qualitatif et complet.

Au final, j'avais un plan théorique parfait mais je n'étais toujours pas lancé. À ce moment-là, j'ai pris la décision de me focaliser. De me fixer un objectif clair. Cet objectif était simple: «Je fais l'acquisition d'un appartement de quatre chambres pour faire de la colocation, avant la fin de l'année 2014». Puis j'ai affiché cette phrase de façon évidente au-dessus de mon bureau, afin de la graver durablement dans ma mémoire.

À partir de cet objectif annuel, j'ai décliné des sous-objectifs mensuels et hebdomadaires:

- chaque mois: Rencontrer un autre investisseur local. Faire deux offres d'achat. Lire un livre sur l'immobilier ou le business;
- chaque semaine: Faire trois visites de bien. Rencontrer un nouvel agent immobilier.

Grâce à cette petite méthode toute simple, j'ai réussi à être plus efficace. Chaque fois que je devais prendre une décision, j'évaluais si celle-ci était alignée avec mon objectif (ou alors s'en écartait).

Pour aller plus loin:

- Formation gratuite pour préparer voter plan d'action immobilier – www.InvestImmoClub.com/Principe87

#88 – Favorisez les recommandations

"Your network is your net worth." C'est une expression américaine qui se traduit littéralement par : « Votre réseau est votre actif net », c'est-à-dire la base de votre richesse nette (financière).

En effet, vous ne me contredirez pas si je vous dis que les personnes les plus riches de ce monde ont, dans leurs réseaux, des gens puissants et influents. Le réseau est une clé importante de tout succès.

Avec ce type de raisonnement, on pourrait se dire que seuls ceux possédant déjà un réseau auront la chance de réussir ? Et effectivement, de nombreuses personnes pensent cela. Personnellement je pense tout le contraire. D'après moi, tout le monde peut se construire un réseau. Par contre, il faut comprendre une règle majeure : « Un réseau se nourrit, et avant de recevoir, il faut donner ».

Dans votre activité d'investisseur, qu'est-ce que cela signifie ? C'est assez simple. Si vous avez fait affaire avec quelqu'un de bien (un agent immobilier, un artisan), essayez de recommander cette personne à chaque fois que cela est possible. En retour, lorsque vous êtes à la recherche d'un partenaire spécifique pour un de vos projets, n'hésitez pas à toujours solliciter vos connaissances.

Les gens adorent faire des recommandations car dans un sens, cela flatte leur ego. L'être humain aime donner son avis et c'est encore plus flatteur quand on le lui demande.

De votre côté, les avantages sont nombreux. D'abord, cela vous permettra d'avoir des noms « pré-qualifiés » et de gagner du temps sur la phase de recherche et d'identification. Deuxièmement, une personne ainsi contactée aura tendance à faire du meilleur travail car il ne voudra pas faillir à sa réputation. Inconsciemment, il se dira que s'il n'assure pas, il risque de ne pas être reconduit pour de futures collaborations avec vous, mais également de perdre le client qui l'a recommandé (votre connaissance).

Pour aller plus loin :

- Comment développer et entretenir votre réseau en quelques minutes par semaine – www.InvestImmoClub.com/Principe88

#89 – Participez à des événements locaux

[Témoignage d'un Immo-Preneur en Alsace]

L'investissement immobilier, c'est tout autant de la psychologie que des chiffres. Et au niveau psychologique, il est parfois difficile de trouver dans son entourage des gens qui comprennent nos motivations. En fait, le plus dur est surtout de faire face à tous les commentaires pessimistes.

Tout cela est paradoxal car, d'un côté, l'admiration et l'envie sont toujours palpables, l'immobilier faisant en général rêver (presque 70 % des Français déclarent vouloir investir dans l'immobilier un jour), et d'un autre côté, les discours sur les risques et les dangers de l'investissement se font rapidement entendre, aussi bien dans le cercle familial, amical que professionnel. Sans parler des professionnels que vous rencontrerez (agents immobiliers et banquiers en l'occurrence) qui parfois se lancent dans des discours et des explications dénués de toute rationalité. N'hésitant pas à vous sortir des arguments bidon (soit par ignorance, soit par incompétence) pour vous décourager d'agir.

Du coup, le meilleur moyen que j'ai trouvé pour garder un niveau de motivation au plus haut est de rencontrer d'autres personnes passionnées par l'investissement immobilier. De plus en plus de *meetups* et de petites rencontres informelles sont organisées aux quatre coins de la France et c'est une excellente chose.

Les séminaires ou les conférences sont également de bons moments pour faire de belles rencontres. D'ailleurs sur les deux séminaires que j'ai suivis jusqu'à présent, les rencontres m'ont apporté plus que le contenu du séminaire en lui-même !

#90 – Gardez une trace écrite

[Témoignage d'un Immo-Preneur à Reims]

Lorsque vous aboutissez à un accord avec n'importe quel partenaire, n'oubliez jamais d'obtenir une trace écrite. Certains accords sont très bien encadrés, mais d'autres le sont beaucoup moins.

Le compromis de vente, par exemple, fait partie des documents bien encadrés. Quelques clauses sont automatiques et obligatoires, dictées par la loi. Cependant, petit aparté personnel, moi je fais toujours rédiger ou vérifier le compromis par mon notaire. Car, à mon goût, les clauses obligatoires ne sont pas suffisantes pour pouvoir me désengager facilement (au cas où).

Dans d'autres cas, par contre, on se laisse facilement satisfaire par des accords verbaux. Et cela peut vite porter préjudice.

Voici une histoire à ce sujet. En amont d'un projet de surélévation d'un appartement, je contacte le service d'urbanisme de la ville pour évaluer la possibilité d'une telle opération. La réponse de l'employé municipal fut assez claire : d'après ses informations et l'environnement du bien, il sera tout à fait possible de le faire. Il faudra simplement faire une demande de permis de construire. Confiant, j'achète le bien et durant la période entre le compromis et la signature définitive, je fais ma demande de permis.

Quelques semaines plus tard, stupéfaction. Suite à une modification récente dans le PLU (Plan local d'urbanisme), le permis de construire pour surélever est impossible sur ce bien. Heureusement, dans le compromis, j'avais inclus une clause de rétractation en cas de refus de permis de construire. J'ai donc pu me désengager mais cela m'a fait perdre un temps considérable.

Ce que j'aurais dû faire, c'est demander un e-mail de confirmation pour récapituler les points discutés au téléphone avec l'employé du service d'urbanisme. Premièrement, cela l'aurait engagé à bien vérifier ses dires. Et deuxièmement, j'aurais pu utiliser cette preuve pour pousser mon dossier au moment du refus (même si je suis conscient qu'un simple e-mail ne vaut pas acceptation d'un permis de construire).

#91 – Facilitez le travail des acheteurs lors de la revente

Souvent, au moment d'un achat locatif, l'investisseur imagine garder le bien le plus longtemps possible. Le but étant d'attendre la fin du prêt afin de pouvoir jouir, à son terme, d'un revenu complémentaire conséquent.

Malheureusement, d'après les statistiques, les gens gardent leurs biens beaucoup moins longtemps que cela, en moyenne 10 ans seulement (résidences principales et biens locatifs confondus). Pourquoi ? Parce que la vie est pleine d'imprévus et de nombreuses situations peuvent mener à vouloir (ou devoir) vendre. Une mutation, un arbitrage pour acheter un meilleur bien, de la lassitude, un besoin de cash soudain. Bref, vous voyez que les causes ne manquent pas.

La revente est donc une étape plus fréquente que prévu. À ce moment précis, vous avez deux options :

- option A) Vous passez par un agent immobilier,
- option B) Vous vous chargez vous-même de la vente.

C'est vous qui décidez. Mais ce que vous devez faire dans les deux cas, c'est faciliter le travail pour l'acheteur. Et en tant qu'Immo-Preneur, vous pouvez le faire comme un pro. Voici quelques conseils :

- Si le bien nécessite des travaux, faites établir un ou deux devis (demandez à ce qu'ils soient faits *a minima* pour ne pas que cela joue en votre défaveur pendant la négociation).
- Si vous revendez à un investisseur, préparez un tableau avec les différents chiffres (recettes et charges) et suggérez une hypothèse

de simulation incluant les taux d'emprunt du moment. Montrez la belle rentabilité que le bien offre.

- Pour rassurer l'acheteur, préparez une petite feuille avec tous les artisans/entrepreneurs que vous avez fait travailler dans votre bien. Cela lui facilitera la tâche pour sa propre maintenance par la suite.

Il existe plein d'autres solutions mais le but est de donner, aux potentiels acheteurs, des arguments pour rationaliser leur achat. Et toujours, vous démarquer de la concurrence.

#92 – Ayez toujours un plan B

Soyons honnêtes, l'immobilier n'est pas un long fleuve tranquille. Certes, nous essayons tous au maximum de limiter les risques, les pertes et les événements qui nous coûtent de l'argent. Mais il y a tellement de facteurs en jeu que l'imprévisible se manifeste nécessairement un jour ou l'autre. Évidemment, si tout était trop facile, tout le monde le ferait, n'est-ce pas ?

Les imprévus dépendent majoritairement du type de biens, de la zone d'emplacement et du profil des locataires. Heureusement, plus nous pratiquons, plus nous gagnons de l'expérience et cela nous permet de mettre en place des petites techniques. Mais en attendant de vous forger votre propre expérience, vous devez quand même anticiper au mieux. Et préparer des plans B. Cela peut se faire sur plusieurs aspects.

Par exemple, lorsque vous analysez une opportunité, prenez des chiffres conservateurs, c'est-à-dire plutôt pessimistes. Cela vous permettra d'éviter certaines déconvenues. Si vous pensez faire de la gestion en direct, pensez quand même à faire des simulations en incluant les frais d'une agence. Aujourd'hui, habitant proche du bien, vous pourriez être muté dans un futur proche et donc pour des raisons de confort, vouloir déléguer la gestion à une agence. Dans le monde professionnel d'aujourd'hui, une mutation est vite arrivée.

Essayez également de vous projeter dans le futur. Si vous commencez à investir en indivision avec votre conjoint(e), demandez-vous à l'avance comment vous feriez si jamais vous deviez vous séparer (ce que je ne vous souhaite pas).

Autre exemple. Disons que vous avez déjà réussi à vous constituer un réseau d'artisans pour effectuer la maintenance de votre bien. Eh bien, imaginez qu'au moment urgent où vous avez besoin du plombier, celui-ci est en vacances ! Est-il à blâmer ? Non. Par contre, il serait peut-être judicieux d'avoir deux plombiers dans votre répertoire de contacts.

#93 – Faites des offres basses (même si l'agent immobilier refuse)

[Témoignage d'un Immo-Preneur près de Toulouse]

Personnellement, je ne porte pas trop les agents immobiliers dans mon cœur. Attention, cela n'est pas une attaque contre une profession dans son ensemble. Mais dans les faits, depuis que j'investis, j'ai souvent eu affaire à des agents qui me disaient n'importe quoi au sujet de l'investissement immobilier.

Un point particulièrement frustrant pour moi est l'étape de proposition d'une offre d'achat. J'ai l'habitude de faire des offres agressives. En laissant toujours une fenêtre de discussion ouverte, mais en partant de bas. Je joue sur le volume d'offres faites (je fais environ une offre d'achat par semaine) donc je n'ai pas peur d'essuyer un refus.

Cependant, pour les agents, cela semble être un problème... En effet, certains refusent tout simplement de proposer une offre 30 % en dessous du prix affiché. À chaque fois avec une bonne raison. « Le vendeur a déjà refusé une offre plus haute la semaine dernière », « Impossible, mon client n'acceptera jamais », « Je suis désolé, ce n'est pas sérieux comme offre »...

Et pourtant, je suis très sérieux. Faire des offres basses est d'ailleurs mon argument principal. En contrepartie, je m'efforce de démontrer mon sérieux au vendeur. Pour cela, j'utilise un argument fort : le fait de pouvoir concrétiser la vente rapidement. Comment ? J'explique que j'ai déjà plusieurs investissements à mon actif et que 100 % de mes compromis ont abouti à une vente. Je les rassure en leur disant que j'ai déjà un accord de principe de ma banque, avec un document pour le prouver. Bref, je mets en avant la vitesse d'exécution.

Croyez-moi, cet argument est très important pour un vendeur. Soit parce qu'il est dans une situation qui l'y oblige (mutation, succession, divorce...), soit parce qu'il a connu des désillusions avec des acheteurs potentiels juste avant (un compromis signé mais un prêt refusé). De plus, cet argument de rapidité est également pertinent auprès des agents immobiliers. En effet, plus une vente est exécutée rapidement, moins l'agent aura besoin de travailler dessus.

Au final, dans une transaction immobilière, le facteur temps est un facteur de poids. Donc, n'hésitez pas à l'utiliser comme contrepartie pour faire des offres basses.

#94 – Considérez vos investissements comme le ferait un entrepreneur

Ce n'est pas parce que vous êtes un investisseur particulier que vous devez agir comme un amateur. C'est même plutôt l'inverse.

Pour réussir, vous devez agir comme si votre activité d'investisseur était un business (dont vous êtes le chef d'entreprise). C'est pour cela que j'aime bien le terme d'Immo-Preneur ! Souvenez-vous qu'au final, les marchands de biens ou même les grosses entreprises foncières cotées au CAC 40 sont des investisseurs immobiliers comme vous et moi. Certes, avec une dimension plus importante, mais dans le fond, le business est de même nature.

Pour faire une métaphore, nous pouvons comparer un épicier de quartier avec un supermarché Carrefour. Ils ont le même métier mais le pratiquent à une échelle différente. Pour autant, l'épicier n'est pas un amateur. Il agit comme un professionnel :

- Il essaie de trouver un positionnement différenciant par rapport aux concurrents dans la zone où il est implanté.
- Il cherche des fournisseurs pratiquant le meilleur rapport qualité-prix et proposant des produits pertinents pour sa clientèle cible.
- Il agence son magasin d'une certaine manière. Il met certains produits en tête de rayon.
- Il réalise des campagnes promotionnelles pour étendre sa zone de chalandise.
- Une fois qu'un client a fait un premier achat, il s'efforce de le fidéliser.

- Il doit veiller à bien gérer ses finances auprès de la banque qui lui a fait crédit tout en s'occupant de son ou ses employés.
- Enfin, s'il réussit, il peut espérer agrandir son épicerie ou en ouvrir une autre.

Peu importe le type d'entreprise que vous utilisez comme modèle, investissez comme un entrepreneur !

#95 – Multipliez et croisez les sources

[Témoignage d'un Immo-Preneur à Rouen]

Pour chaque chiffre et chaque information que vous obtenez, soyez toujours vigilant à varier les sources puis à croiser les réponses/ résultats obtenus. Le cas le plus représentatif est peut-être le montant des loyers.

Alors que je venais de signer un compromis de vente sur un lot de deux appartements avec des locataires déjà en place, j'ai fait une étonnante surprise en découvrant les baux signés. En effet, dès le départ, l'agent immobilier m'avait donné verbalement les montants des loyers pratiqués. Un montant de 380 € hors charges par appartement, tout à fait cohérent par rapport à la zone. Or, dans les baux, les loyers indiqués étaient de 320 € et 340 € hors charges. La raison ? Les revalorisations de loyers annuelles (depuis 13 et 10 ans respectivement) avaient abouti à un loyer actuel de 380 € mais ces hausses n'avaient jamais été inscrites sur le bail originel.

Je demande donc la preuve de ce qui est avancé au vendeur en lui demandant de me fournir les relevés de compte des cinq derniers mois, faisant apparaître ces versements. Face au refus du propriétaire, je me résigne donc à aller revoir moi-même les locataires pour demander clairement quel est leur loyer. Je cogne au premier appartement, la femme qui m'ouvre me confie qu'elle paye 360 € HC. Dans le deuxième appartement, la petite mamie me répond 350 €.

L'histoire s'est arrêtée là avec ce propriétaire de mauvaise foi. S'il est assez stupide pour me mentir sur une chose facilement vérifiable comme cela, je n'imagine pas ce qu'il aurait pu me cacher d'autre.

Attention, je ne dis pas que tous les propriétaires cherchent à vous cacher des informations, mais ce sont des choses qui arrivent. Faites confiance… mais vérifiez quand même !

#96 – Lisez le livre *Influence et Manipulation*

[Témoignage d'un Immo-Preneur à Lyon]

Pour être tout à fait honnête, je ne suis pas très fan de lecture. Je dois même avouer que c'est pour moi plus une corvée qu'autre chose. Pourtant, j'adore apprendre. Et surtout apprendre sur le sujet du développement personnel. Cela est fort utile pour l'immobilier mais également pour tous les autres aspects de la vie professionnelle ou personnelle.

Enfin bref, même si vous n'êtes pas un gros lecteur non plus, je vous recommande néanmoins un livre. Un seul. Qui en plus se lit rapidement. Il s'agit du livre *Influence et Manipulation* de Robert Cialdini. C'est comme un livre de recettes, avec des techniques étonnantes pour obtenir l'ascendant psychologique dans de nombreuses situations. Pour chaque concept, l'auteur essaie d'illustrer ses propos avec des expériences réalisées scientifiquement.

Ce livre m'a aidé à devenir un meilleur négociateur, un meilleur businessman et un meilleur père. Et ce n'est pas tout. Ce livre m'a aussi permis de comprendre comment les autres, que ce soient des personnes ou des entreprises, arrivent à me faire faire des choses malgré moi ! Et je dois avouer que je suis beaucoup plus attentif maintenant.

Pour aller plus loin :

- Résumé du Livre *Influence et Manipulation* – www.InvestImmo-Club.com/Principe96

#97 – N'ayez pas peur de dire que vous investissez

[Témoignage d'un Immo-Preneur à Limoges]

Dans chaque huître peut se cacher une perle.

La vérité c'est que l'immobilier touche directement TOUT le monde : nous sommes tous soit locataires, soit propriétaires. Et 100 % des locataires connaissent des gens qui sont propriétaires, que ce soit dans leur entourage proche ou plus éloigné.

De plus, l'immobilier est un sujet qui passionne les gens. Regardez le nombre de magazines et de journaux qui, chaque année, font des éditions spéciales sur le sujet. Bref, vous comprenez que tout le monde est de près ou de loin lié à l'immobilier. Donc, que chaque individu est un potentiel lien vers une bonne affaire. Pas uniquement les agents immobiliers, notaires ou personnes de bonne famille.

Une fois, j'étais en soirée avec ma compagne chez des amis de longue date. Au cours d'une discussion avec le cousin de ces amis, qui avait été également convié au dîner, j'ai mentionné que j'avais acheté trois appartements dans une ville située à 500 km de là (la ville où j'avais fait mes études étant jeune).

Vous avez deviné la suite ? Le cousin avait sa famille maternelle qui vivait là-bas et justement, il y avait eu un décès, avec un héritage immobilier qui ne se vendait pas depuis deux ans.

De fil en aiguille, le bien se trouvait être une bonne affaire. C'est comme cela que j'ai acheté mon quatrième appartement. Aujourd'hui, dès que l'on me pose la question : « Vous faites quoi dans la vie ? » et que j'ai un bon feeling avec la personne, je dis que, officiellement, je travaille en tant que technicien de laboratoire mais que par passion, j'investis dans l'immobilier. Essayez, vous serez surpris des informations que certaines personnes vous donneront.

#98 – Détectez vos points faibles

[Témoignage d'un Immo-Preneur à Toulouse]

Quand j'ai commencé l'investissement immobilier, j'étais trentenaire. J'avais un poste à responsabilité dans une belle entreprise suite à un parcours scolaire royal (grande école de commerce) et de bonnes opportunités saisies en début de carrière. Vu mon niveau de compétence assez transverse, j'ai décidé d'investir par moi-même et de faire tout seul la plupart des choses : travaux, comptabilité, gestion en direct…

Je pensais bien maîtriser ma petite activité immobilière jusqu'au jour où un problème juridique majeur est apparu sur un de mes immeubles.

Un locataire avait découvert que la surface habitable indiquée sur son bail ne correspondait pas à la réalité à 2 m^2 près. Il était donc en mesure de me réclamer les sommes payées en trop depuis qu'il avait pris possession du logement. En calculant le nouveau loyer au prorata de la nouvelle surface, cela représentait un montant de 1 000 €. Une somme facilement absorbable grâce à ma trésorerie, mais le problème c'est que ce gentil locataire avait fait passer le mot aux quatre autres locataires de l'immeuble. Ce qui portait le dédommagement total à environ 3 500 €.

Pour tout vous dire, ce fut plus une douleur au niveau de ma fierté qu'au niveau de mes finances.

Cela m'a néanmoins fait comprendre que je ne pouvais pas tout connaître, et qu'avec la législation changeant sans cesse, il était plus raisonnable de me faire aider. Pour aller plus loin, je me suis alors posé et j'ai réfléchi aux tâches que je n'aimais pas faire et à celles dans lesquelles je n'étais pas efficace. Aujourd'hui, mes investissements tournent beaucoup mieux.

Ne soyez pas têtu ni arrogant et apprenez à identifier vos points faibles pour mieux avancer.

#99 – Adoptez un style de vie frugal

[Témoignage d'un Immo-Preneur à La Rochelle]

En vérité, la démarche d'investissement immobilier va bien au-delà du simple fait d'acheter des biens rentables ou de se constituer un patrimoine. Il s'agit d'un processus global qui s'intègre pleinement dans votre vie. De nombreux investisseurs partagent d'ailleurs un trait de caractère un peu particulier mais terriblement efficace pour investir avec succès : un mode de vie frugal.

Concrètement, qu'est-ce que cela signifie ? Pour faire simple, c'est le contraire d'un mode de vie de « consommateur ».

Dans notre monde, nous sommes constamment sollicités pour acheter tel ou tel objet. Sollicités par la publicité (entre 400 et 1 000 publicités par jour selon les études), par la pression sociale de notre entourage, par le perpétuel renouveau technologique... Bref, entre ce dont nous avons réellement besoin et ce que nous achetons, il y a un fossé.

De mes 20 ans à mes 25 ans, j'ai été un consommateur effréné. Toujours à la pointe de la technologie, premier partant quand il s'agissait de sortir ou de faire des week-ends. Mon credo était de profiter de la vie. Avec un bon salaire pour mon âge (2 000 €/mois à l'époque), j'en profitais.

Pourtant, j'avais l'impression de ne pas m'en sortir. En fait, j'avais le sentiment de subir. Chaque mois, je regardais mon salaire rentrer sur mon compte bancaire mais au niveau des sorties, je n'avais aucun contrôle. Sauf une alerte qui me prévenait lorsque je passais à découvert. À ce moment, j'arrêtais de dépenser et de sortir. De façon radicale. Lorsque je me suis intéressé à l'immobilier, j'ai commencé à changer ma manière de vivre. Car j'avais à présent un objectif financier clair. Mon premier challenge fut de réussir à mettre 6 000 € de côté en un an. Pour cela, j'ai lu des livres qui m'ont aidé à changer ma vision globale, notamment *Père Riche, Père Pauvre* de Robert Kiyosaki, et finalement j'ai réussi.

La chose la plus efficace pour moi fut de mettre en place un budget en trois parties. Dans la première partie, le montant des charges obligatoires (montant laissé sur mon compte courant). Dans la deuxième partie, une enveloppe « économies » (somme virée sur un compte épargne automatiquement). Et enfin une enveloppe «loisirs », subdivisée en plusieurs catégories (100 € pour resto-bars/150 € pour vêtement-activités-cadeaux-cigarettes/150 € pour week-ends). Pour cette dernière enveloppe, j'ai commencé à utiliser une application sur mon smartphone. Chaque début de mois, l'enveloppe est pleine et au fur et à mesure que je fais des dépenses, je la note dans l'application et cela « vide » petit à petit la sous-catégorie correspondante.

À partir du moment où je vois qu'il ne reste plus beaucoup d'argent dans l'enveloppe, je commence à ralentir. Et finalement, cela me force à trouver des astuces pour réduire les dépenses (j'invite les amis à la maison plutôt que d'aller dans un bar, je reporte au mois d'après l'achat d'un nouveau jean...).

Bref, le jour où j'ai pris conscience de mes dépenses, tout est devenu plus sain. Je ne me sens pas frustré, car j'ai le contrôle. J'ai même créé une sous-enveloppe en mettant 150 € chaque mois sur un compte spécial « vacances ». Pour me payer, chaque année, un beau voyage.

Pour aller plus loin :

- Applications et outils pour réaliser votre budget – www.Invest-ImmoClub.com/Principe99

#100 – Pensez toujours à votre matelas de trésorerie

[Témoignage d'un couple d'Immo-Preneurs à Grenoble]

Savez-vous quelle est l'une des plus grandes causes de faillites des entreprises en France ? Le manque de trésorerie. Vos investissements immobiliers sont comme des petites entreprises, avec un bilan et un compte de résultat. Des recettes et surtout des dépenses. Au moment où nous investissons, nous essayons de prévoir au maximum. De faire des simulations pessimistes. De prendre en compte les multiples scénarios possibles.

Malheureusement, la vie est souvent capricieuse et la seule interrogation que vous pouvez avoir n'est pas «SI» un pépin va arriver mais «QUAND» ce pépin va arriver. C'est pour cela qu'il est primordial d'avoir un matelas de trésorerie.

Quand je parle de pépin, il peut s'agir d'un impayé de loyer. C'est une situation toujours délicate mais au final, assez rare (environ 2-3 % de loyers impayés en France). Cela peut être un dégât soudain. Par exemple, une rupture de canalisation. Les assurances couvrent habituellement les conséquences du dégât, mais pas les causes ! La dernière fois que c'est arrivé dans un immeuble que nous possédons, nous avons dû sortir 3 200 € de notre poche pour effectuer le remplacement des conduites.

Si nous n'avions pas eu de matelas de trésorerie, cela aurait été problématique. La pire des situations étant de ne plus pouvoir honorer les échéances d'emprunt. Pour cette raison, nous avons décidé d'avoir une épargne de sauvegarde, un minimum équivalent à six mois de loyers. C'est-à-dire que nous pourrions faire face à toutes les mensualités et charges de nos investissements pendant une demi-année, même si tous nos locataires (trois locataires dans l'immeuble) décidaient simultanément de ne plus payer leurs loyers.

Pour aller plus loin :

- Apprenez à améliorer votre communication non-verbale – www.InvestImmoClub.com/Principe100

#101 – Votre apparence compte

Il n'y a pas de secret, l'immobilier demande d'interagir avec de nombreux acteurs différents. Et avec chacun d'entre eux, il faut entamer une relation particulière :

- Face à un vendeur ou un agent immobilier, vous devez inspirer le sérieux et prouver que vous pouvez agir vite.
- Face à un banquier, vous devez montrer que vous pourrez honorer les échéances du prêt et que vous êtes un bon gestionnaire.
- Face à un artisan, il vaut mieux faire ressentir que vous savez ce que vous voulez et que vous connaissez un peu le sujet.
- Face au locataire, vous devez montrer que vous connaissez les procédures et êtes intraitable pour faire respecter le contrat de location.

Pour exprimer ces différentes facettes en fonction de l'interlocuteur, il est important de maîtriser votre manière de communiquer. La communication verbale bien entendu, mais également la communication non verbale. Il paraîtrait même que, dans un échange, la communication non verbale compte plus que le discours (une étude de 1967, un peu critiquée depuis, donne le chiffre de 90 % !). Or, réussir à gérer nos attitudes corporelles parfois très subtiles (haussements de sourcils, mouvements de tête, orientation des jambes...) demande un important travail de fond.

Par contre, il y a un aspect non verbal facile à contrôler : votre tenue. Car même si on emploie souvent l'expression : « L'habit ne fait pas le moine », dans les faits, la manière dont nous nous habillons est le premier indice qu'un interlocuteur va utiliser pour se faire une impression. Et ce, avant même les premiers mots échangés...

Du coup, conseil simple : apprenez à vous habiller en fonction de la personne que vous allez rencontrer. Par exemple, un manteau un peu taché pour aller voir un artisan. Ou bien un costume (cravate non obligatoire) pour aller voir le banquier.

Je vous l'accorde, cela fait un peu cliché. Mais cela ne coûte pas grand-chose et la première impression est toujours prépondérante.

#102 – Devenez un maniaque des chiffres

Il est tellement facile de se laisser déborder par l'émotion. Il est tellement facile de prendre des décisions biaisées par des facteurs psychologiques incontrôlés. L'influence de notre psychisme est telle qu'il est parfois facile de faire des erreurs sans nous en rendre compte. Et dans le monde de l'investissement, c'est particulièrement vrai.

Si dans l'immobilier c'est peu étudié, dans le monde boursier, de nombreux économistes ont tenté de les répertorier. Voici quelques-uns des facteurs les plus connus :

- « biais d'ancrage »,
- « comportement moutonnier »,
- « biais de confirmation »,
- « effet de formulation »,
- « coût irrécupérable »,
- « aversion au risque »,
- ...

Vous pouvez aller voir tous ces termes sur Internet pour en savoir davantage. Pour essayer de dépasser ces facteurs psychologiques souvent néfastes, vous devez vous en tenir aux chiffres. Le pire, c'est d'essayer de prédire l'avenir.

Pour aller plus loin :

- Liste des biais psychologiques qui influencent les décisions de l'investisseur – www.InvestImmoClub.com/Principe102

#103 – Restez flexible

[Témoignage d'un Immo-Preneur à Pau]

Je voudrais partager une anecdote avec vous.

Il y a quelques années, j'étais à la recherche d'un nouveau bien sur la ville de Pau. Comme pour mes trois autres biens, je cherchais quelque chose avec une rentabilité supérieure à 10 %. D'ailleurs, c'était simple, je classais automatiquement sans suite toutes les annonces ne respectant pas ce critère.

Pourtant, un soir, je surfais sur mon site de petites annonces préféré (Le Bon Coin pour ne pas le citer) avant de tomber sur un immeuble très bien situé, mais avec seulement 7 % de rentabilité affichée (d'après les loyers et le prix d'achat annoncés). Par curiosité, j'appelle quand même et demande un rendez-vous pour le visiter le lendemain midi. C'était un immeuble très propre avec trois appartements et un petit jardin. Ce qui n'était pas dit dans l'annonce, c'est que le jardin abritait une dépendance pouvant être transformée en un T2 et que les combles pouvaient être utilisés pour agrandir l'appartement du dernier étage.

De plus, les locataires étaient là depuis de nombreuses années et leurs loyers n'avaient pas été revalorisés. Avec une enveloppe de rénovation, une petite négociation et un peu de temps, ce bien avait un potentiel de 10 % de rentabilité.

Cela fait maintenant six ans que nous avons acquis ce bien et, depuis, nous avons réussi à exploiter son potentiel à plein. Petit à petit nous avons réussi à faire monter la rentabilité jusqu'à 11 %. Plutôt pas mal pour un immeuble localisé en centre-ville. Avec le recul, je peux dire que c'est, à ce jour, notre meilleur investissement.

Le soir où j'ai appelé le propriétaire de cette annonce, j'ai appris une leçon : il faut parfois rester flexible par rapport à ses critères, du moins dans une première approche. Et surtout apprendre à dénicher le potentiel caché d'un bien.

#104 – Utilisez le silence

[Témoignage d'un Immo-Preneur à Brive-la-Gaillarde]

La négociation est parfois vue comme un art mais pour moi, c'est surtout un entraînement.

Je suis commercial depuis plus de 10 ans dans le domaine médical et, régulièrement, j'ai l'occasion de participer à des stages de performance à la vente. Ces stages ne sont pas toujours très amusants, mais il y a une discipline que j'apprécie particulièrement : la maîtrise des techniques de négociation. Une fois le stage passé, je me régale à essayer d'appliquer les méthodes apprises.

Dernièrement, j'en ai découvert une qui se révèle très puissante : le silence. C'est assez paradoxal quand on y pense de prime abord, mais rester sans parler, à des moments stratégiques, peut être d'une grande utilité. Pourquoi ? Parce que le silence est très difficile à supporter. Les gens sont naturellement gênés lors d'une période de silence, surtout en négociation. Et c'est exactement pour cela que vous devez provoquer ces moments.

Vous avez déjà dû ressentir cette gêne occasionnée par un blanc en plein milieu d'une conversation. Au même moment, vous pouvez être sûr que votre interlocuteur a aussi ressenti cet inconfort. Dans ce genre de situation, l'une des deux parties essaie de reprendre la parole pour combler le silence. Si vous êtes dans une situation de négociation, laisser cette prise de parole à l'autre partie pourrait être très fructueux.

La prochaine fois que vous négociez et que votre interlocuteur lance une proposition, essayez de ne rien dire. Que ce soit pendant 10 secondes ou pendant 10 minutes, faites en sorte que ce soit l'autre qui rompe le silence. Souvent, il ou elle interprétera votre silence comme de l'énervement ou de la déception et mettra fin à cette pause en révisant son offre ou en proposant une concession. Les négociateurs chevronnés utilisent cette technique avec leurs interlocuteurs non avertis pour obtenir des ristournes sans même avoir besoin de faire de contre-proposition.

C'est peut-être la plus basique (mais proportionnellement la plus puissante) des méthodes de négociation que j'ai découvertes.

#105 – La confiance s'établit avec le temps

[Témoignage d'un Immo-Preneur à Troyes]

Depuis que j'investis dans l'immobilier, je fréquente régulièrement les événements et réunions d'information sur le sujet dans lesquels j'ai rencontré de nombreux investisseurs débutants. Au fil des discussions, j'ai vraiment remarqué un problème récurrent chez la plupart d'entre eux: le manque de confiance. C'est vrai que la confiance est un facteur important car elle permet d'aller de l'avant et de se projeter. Malheureusement, tout le monde n'est pas confiant par nature.

Moi-même, je me rappelle, lors de ma toute première visite d'un appartement dans lequel je souhaitais investir, je me sentais ridicule face à l'agent immobilier. Avant de me rendre au rendez-vous, j'avais préparé quelques questions. Néanmoins, je suis sûr à 100 % que l'agent en face de moi (un professionnel qui semblait avoir de la bouteille dans le métier) a dû se dire : « Encore un pseudo-investisseur débutant qui n'obtiendra jamais de crédit et va me faire perdre du temps ». Cela devait forcément se voir que je n'y connaissais pas grand-chose.

Puis au fil des six visites suivantes, avant de trouver mon bonheur, j'ai pris de plus en plus d'assurance. En rebondissant et en reprenant certaines phrases prononcées par les agents, je commençais à parler le même jargon. Parfois, j'apprenais même des mots à mes interlocuteurs. Car oui, au final, les agents immobiliers ne sont pas forcément tous spécialistes de l'investissement. En majorité, ils sont même plutôt habitués aux transactions concernant des résidences principales qu'aux dossiers d'investissement. Difficile de les blâmer, donc, lorsque certaines notions semblent un peu confuses dans leurs discours.

La même histoire s'est également répétée avec les banquiers. Puis avec les artisans. Puis avec les locataires. Plus je pratiquais, plus je maîtrisais mon sujet. Ce que je veux vous dire, c'est que tout le monde se sent novice au départ. Pour passer ce cap, il est impératif de pratiquer. Vous verrez que rapidement, vous vous sentirez comme un poisson dans l'eau.

#106 – N'écoutez pas votre oncle ou votre mère

L'immobilier est un univers qui demande beaucoup de compétences et repose sur des notions assez bien définies. Mais, paradoxalement, beaucoup de gens semblent avoir un avis sur la question sans s'être jamais formés au domaine... Du coup, de nombreuses fausses idées circulent (énormément même) sur le sujet.

Votre entourage proche (famille et amis) sera probablement le premier vecteur de ces fausses idées. Certaines sont peut-être également profondément ancrées en vous. Car depuis votre tendre enfance, vous entendez le même discours. Chez moi, par exemple, on me répétait : « Il vaudrait mieux que tu mettes un apport maximal pour réduire le montant à emprunter ».

Mais j'ai une question : est-ce que vous allez voir votre oncle (qui n'est pas médecin) pour demander un diagnostic lorsque vous êtes malade ? La même chose s'applique dans le domaine de l'immobilier. Allez voir des gens compétents.

Là où c'est délicat, c'est que certains professionnels de l'immobilier sont parfois ignorants sur certains aspects (ou pire, de mauvaise foi). C'est pourquoi j'ai toujours favorisé les rencontres et les échanges avec d'autres investisseurs. Et si possible, des investisseurs qui ont bien réussi.

Pour nuancer, je dirais quand même que dans quelques situations, il est important de faire preuve de « bon sens paysan ». Donc, ne crachez pas sur tout ce que votre mère pourra vous dire. Pensez juste à vérifier !

#107 – Faites toujours des suivis et des relances

Voici une statistique simple utilisée par les commerciaux et les équipes de ventes tous domaines confondus : « Il faut entre six et neuf contacts avec un client pour concrétiser un accord/une vente ».

Dans le parcours d'un achat immobilier, nous sollicitons de nombreuses personnes pour essayer de concrétiser la transaction :

- avec les vendeurs, notre but est d'obtenir un prix acceptable selon nos critères puis signer un compromis,
- avec le banquier, l'objectif est de recevoir et signer une offre de prêt,
- avec les artisans, nous essayons d'avoir le meilleur devis,
- avec les locataires, le but est de créer et de maintenir une relation fluide.

Dans chacune de ces situations, nous attendons par moments des réponses importantes et lorsque celles-ci tardent à arriver, il est facile de se dire que l'interlocuteur n'est pas sérieux ou pas intéressé. Mais il faut voir les choses autrement.

Dites-vous que dans le monde d'aujourd'hui (hyper connecté et hyper sollicité), il est facile de zapper certaines choses. Donc, tant que vous n'obtenez pas de réponse, n'hésitez pas à relancer. Si vous utilisez la messagerie Gmail, par exemple, il existe une application très efficace qui envoie un e-mail de relance automatiquement si votre message n'a pas reçu de réponse dans les deux ou trois jours.

Les gens ne vous en voudront pas de faire de telles relances, et souvent c'est même l'inverse, ils se sentent gênés de ne pas avoir répondu.

Pour aller plus loin :

- Liste d'outils pour automatiser le suivi et la relance d'e-mail – www.InvestImmoClub.com/Principe107

Conclusion

Bravo, vous êtes venu à bout de ce livre et des nombreuses histoires diverses et variées qu'il contient.

Si jamais vous souhaitez revenir sur quelques notions en particulier, utilisez la table des matières. Toutes les histoires étant réparties en catégories, vous devriez vous y retrouver facilement.
N'oubliez pas non plus de poursuivre l'expérience totale en rejoignant le groupe facebook secret « Immo-Preneur ».
C'est un BONUS totalement gratuit qui accompagne ce livre que vous avez déjà payé. Il serait dommage de vous en priver !
Bien évidemment, il est nécessaire que vous soyez motivé, sinon ce groupe ne vous apportera rien.
Si vous pensez avoir la bonne mentalité, je vous rappelle la procédure :

- **Étape #1** : Prenez-vous en photo avec le livre. Vous pouvez montrer votre tête ou non, vous mettre en situation (sur un chantier, en visite d'un bien immobilier, sur la plage, en voiture…).
- **Étape #2** : Envoyez la photo à Bruno@InvestImmoClub.com

Avant de vous quitter, je voudrais vous rappeler deux dernières choses.

Formez-vous continuellement

Si vous lisez ce livre, c'est que vous êtes persuadé que l'immobilier est positif pour votre avenir. Mais l'immobilier est un sujet en perpétuelle évolution, donc il est primordial de se tenir au courant.

Lisez la presse, suivez les blogueurs et les sites internet, rejoignez des groupes d'investisseurs...

Travaillez votre mental

En parallèle de la technique, l'aventure immobilière se joue principalement dans votre tête. Il faudra dépasser vos peurs, maîtriser vos émotions et apprendre à ressentir ce que pensent les autres.

Être un Immo-Preneur, c'est également s'intéresser au développement personnel. Vous verrez, au final, que bon nombre de choses que vous apprendrez dans l'immobilier pourront s'appliquer dans d'autres sphères de votre vie (professionnelle ou personnelle).

Croyez en vous !

Remerciements

Je souhaite remercier en quelques lignes tous ceux qui m'ont soutenu dans la rédaction de ce livre. En premier lieu, ma partenaire de vie, Margaux. Mais également ma famille et mes proches qui se reconnaîtront. Et bien sûr mon éditeur, Maxima, qui a cru en cette idée.

Je souhaite également remercier tous les membres d'Invest Immo Club ayant accepté de consacrer un peu de leur temps pour me donner leur retour sur la première version du manuscrit (Marc, Jérôme, Florian, Tristan, Seb, Grégoire, Jerry, Antonin, Wolfgang, Mikhail, Emmanuel, Manon, Luc, Fabien, Hugues, Xavier, Thibault, Patrick et Benoît).

Je n'oublie pas non plus Bassel Abedi qui a accepté de rédiger la préface de ce livre.

Un grand merci également à tous les investisseurs avec qui j'ai eu la chance de discuter, échanger et partager au cours de ces dernières années. Sans eux, ce livre n'existerait tout simplement pas.

Pour finir, je tiens à remercier énormément tous mes lecteurs, surtout ceux parmi vous m'ayant écrit par e-mail pour me dire combien ce livre les avait aidés à changer leur regard sur l'investissement immobilier. Cela me touche énormément car c'est exactement le but recherché.

Dépôt légal
IMPRIMÉ EN FRANCE
sur les presses de l'imprimerie «La Source d'Or»
63039 Clermont-Ferrand
Imprimeur n° 20491K

*Dans le cadre de sa politique de développement durable,
La Source d'Or a été référencée IMPRIM'VERT®
par son organisme consulaire de tutelle.
Cet ouvrage est imprimé - pour l'intérieur - sur papier bouffant, main 1,8 80 g
provenant de la gestion durable des forêts,
produit par des papetiers dont les usines ont obtenu
les certifications environnementales ISO 14001 et E.M.A.S.*